AF341331

# EXERCICES

## D'ANALYSE LOGIQUE.

Cet ouvrage est divisé en deux parties. La première comprend les Exercices d'*analyse grammaticale*, précédés d'un Traité de la *construction de la phrase*; la seconde comprend les Exercices d'*analyse logique*, précédés d'un Traité de la *proposition*.

Chaque partie se vend séparément 1 fr. 80 cent.

---

*On trouve aux mêmes adresses les livres suivants :*

*Précis de l'Histoire universelle*, par Bérardier de Bataut; édition revue et augmentée par Charles-Constant Le Tellier.

Le Jury d'instruction du département de la Seine exige une étude approfondie de cet ouvrage et du suivant dans ses examens pour l'admission des Dames qui veulent obtenir des diplômes d'institutrices.

*Tableau chronologique de l'Histoire universelle*, depuis la Création jusques à aujourd'hui, ouvrage classique de C.-C. Le Tellier, 1 vol. in-12.

*Instruction sur l'Histoire romaine*, depuis la fondation de Rome, jusqu'à la translation du siége de l'empire à Byzance, par Constantin-le-Grand; par le même. Édition ornée de jolies figures. 1 vol. in-12.          3 fr. »

---

DE L'IMPRIMERIE DE J. GRATIOT,
rue du Foin Saint-Jacques, maison de la Reine Blanche.

# EXERCICES

## D'ANALYSE LOGIQUE,

### PAR CHARLES-CONSTANT LE TELLIER,

Professeur de Belles-Lettres,

MEMBRE DE LA SOCIÉTÉ FRANÇAISE DE STATISTIQUE
UNIVERSELLE.

## DEUXIÈME PARTIE,

COMPRENANT LES EXERCICES D'ANALYSE LOGIQUE,
PRÉCÉDÉS D'UN TRAITÉ DE LA PROPOSITION.

## NEUVIÈME ÉDITION.

## A PARIS,

Chez ⎨ BELIN LE PRIEUR, Libraire, rue Pavée Saint-André-
des-Arcs, n° 5;
Constant LE TELLIER fils, Éditeur, rue Neuve -
Saint-Marc, n° 8.

1836.

Les ouvrages suivants de M. Charles – Constant LE TELLIER sont adoptés pour l'usage des Demoiselles élèves de la Maison royale de *Saint – Denis* et des autres Maisons des Ordres royaux :

1° Nouveau Dictionnaire de la Langue Française, 7ᵉ édition.

2° Géographie des Commençants, 34ᵉ édition.

3° Histoire Sainte, 8ᵉ édition.

4° Histoire Ancienne, 5ᵉ édition.

5° Histoire de France, 19ᵉ édition.

6° Les divers ouvrages de Grammaire.

La Grammaire de M. Charles – Constant LE TELLIER est adoptée pour l'usage de MM. les élèves de l'École royale spéciale militaire de Saint-Cyr.

L'Histoire de France est continuée jusqu'au règne de LOUIS-PHILIPPE Iᵉʳ inclusivement.

# EXERCICES

## D'ANALYSE LOGIQUE.

### DE LA PROPOSITION.

1. La *Proposition* est l'énonciation d'un jugement, c'est-à-dire, d'une opération de l'esprit qui affirme ou qui nie quelque chose sur quelque sujet que ce soit.

2. Quand je dis, *Dieu est juste*, j'énonce un jugement ; j'affirme, du sujet *Dieu*, que la qualité de *juste* lui convient. Et, si je dis, *Dieu n'est pas injuste*, c'est encore un jugement que je prononce ; je nie que l'idée d'*injuste* puisse être attribuée au sujet *Dieu*.

3. La première proposition est appelée *affirmative* ; et la seconde, *négative*.

4. Pour former ce jugement, *Dieu est juste*, je dois avoir d'abord l'idée du sujet *Dieu*, puis celle de l'attribut *juste;* et, après avoir comparé ensemble ces deux idées, et avoir reconnu qu'elles se conviennent, j'exprime cette convenance, en disant : *Dieu est juste*.

5. Une proposition renferme donc deux parties essentielles, deux termes principaux. Le premier

terme, le *sujet*, répond à l'idée principale ; le second terme, *l'attribut*, répond à l'idée accessoire qui modifie l'idée principale. Nous ne reconnaissons point d'autres éléments constitutifs de la proposition, puisque la nature ne nous offre que *substances* et *modifications*.

6. Il ne suffit point, pour l'expression de la pensée, que le sujet et l'attribut soient joints par apposition ; il faut qu'ils soient liés, unis, conçus comme ne faisant qu'un. Or, pour exprimer cette union, il faut un mot, et ce mot est le verbe *être*. Les logiciens l'appellent le *lien*. Sans *verbe*, il n'y a point de *proposition*, et par conséquent point de discours.

7. Mais le *verbe* est-il une *troisième* partie de la proposition ? Non. Car *le verbe fait partie de l'attribut, puisqu'il l'affirme du sujet.* Quand on dit, *Dieu est juste*, il n'est pas question de l'existence réelle du sujet *Dieu*, mais de son existence intellectuelle, de son existence dans l'esprit de celui qui parle. Disons donc avec Dumarsais : *le verbe fait partie de l'attribut, l'attribut commence toujours par le verbe.*

8. Toute proposition se réduit donc à un sujet et à un attribut joints ensemble par le verbe *être*. *Je sors,* équivaut à, *je suis sortant ; chantons,* équivaut à, *nous, soyons chantant;* enfin, *va,* se décompose en, *toi, sois allant.*

9. Le sujet et l'attribut de la proposition peuvent être, 1° simples ou composés ; 2° incomplexes ou complexes.

10. 1° Le sujet est *simple*, quand il présente à l'esprit un être déterminé par une idée unique. Tels sont les sujets des *propositions* suivantes : *Dieu est juste, les hommes sont mortels.* En effet, *Dieu* exprime un sujet déterminé par l'idée unique de la nature individuelle de l'Être suprême ; *les hommes*, un sujet déterminé par la seule idée de la nature spécifique commune à touts les individus de cette espèce.

11. Le sujet, au contraire, est *composé*, quand il comprend plusieurs idées auxquelles peut convenir séparément le même attribut. Ainsi, quand on dit, *l'exercice et la diète sont utiles à la santé*, le sujet est composé, parce qu'il comprend deux sujets déterminés auxquels peut convenir séparément l'attribut *utile à la santé*. En effet, on peut dire, *la diète est utile à la santé*, et *l'exercice est utile à la santé*, en faisant autant de propositions qu'il y a de sujets particuliers.

L'attribut peut être également simple ou composé.

12. L'attribut est *simple*, quand il n'exprime qu'une seule manière d'être du sujet, soit qu'il le fasse en un seul mot, soit qu'il en emploie plusieurs. Ainsi, quand on dit, *Dieu est éternel, Dieu gouverne toutes les parties de l'univers*, les attributs de ces propositions sont simples, parce que chacun n'exprime qu'une seule manière d'être du sujet. *Est éternel, est gouvernant toutes les parties de l'univers*, sont deux attributs qui expriment chacun une seule manière d'être du sujet *Dieu* ; l'un dans le premier exemple, l'autre dans le second.

13. L'attribut est *composé*, quand il exprime plusieurs manières d'être du sujet. Ainsi, quand on dit : *Dieu est juste et tout-puissant*, l'attribut total est composé, parce qu'il comprend deux manières d'être du sujet *Dieu*, la justice et la toute-puissance. On peut faire de cette proposition deux propositions séparées qui aient le même sujet et deux attributs particuliers : *Dieu est juste ; Dieu est tout-puissant.*

14. Les propositions sont pareillement simples ou composées, selon la nature de leur sujet et de leur attribut.

Une proposition *simple* est celle dont le sujet et l'attribut sont également simples, c'est-à-dire, également déterminés par une seule idée totale. Exemples : *Le vice est odieux. La considération qu'on accorde à la vertu est préférable à celle qu'on rend vulgairement à la fortune.*

15. Une proposition *composée* est celle dont le sujet ou l'attribut, ou même ces deux parties, sont composées, c'est-à-dire, déterminées par différentes idées totales. Exemples : *La justice, la bonne foi et la droiture doivent être le fondement de la politique. Les méchants sont méprisés et haïs de touts ceux qui les connaissent. Les vieux et les nouveaux soldats furent également patients et braves.*

16. 2° Le sujet d'une proposition est *incomplexe*, quand il n'est exprimé que par un substantif, un pronom ou un infinitif, qui sont les seules espèces de mots qui puissent présenter à l'esprit un sujet déterminé, et quand ce sujet n'a aucun complément expli-

catif ou déterminatif. Tels sont les sujets des propositions suivantes : *Dieu voit tout. Les mortels sont
égaux. Nous naissons touts sujets à la mort. Mentir
est le métier d'un lâche et d'un méchant.*

17. Lorsque le sujet est un nom précédé de son article, ce sujet ne laisse pas d'être incomplexe. Ainsi,
le sujet est incomplexe dans l'exemple que nous ve-
nons de donner : *les mortels sont égaux.*

18. Le sujet est *complexe*, quand il est accompagné de quelque complément explicatif ou déterminatif. Tels sont les sujets des propositions suivantes :
*Une mauvaise conscience n'est jamais tranquille.
Notre premier juge est au fond de nos cœurs. Les
maux que nous plaignons adoucissent les nôtres. La
société des méchants est très funeste : le fruit en est
amer. Cet homme est riche. Nos pères nous ont laissé
de grands exemples à suivre. Servir Dieu est le premier de nos devoirs, etc. Dieu, qui est juste, récompensera les bons, et punira les méchants, etc.*

19. Dans toutes ces propositions, le sujet est modifié par un complément explicatif ou déterminatif.
Ainsi, dans le dernier exemple, *Dieu, qui est juste,
récompensera les bons, et punira les méchants,* le
sujet *Dieu* est modifié par le complément *explicatif*
( *qui est juste* ). Dans la phrase, *les maux que nous
plaignons adoucissent les nôtres,* le sujet *maux* est
modifié par le complément *déterminatif* ( *que nous
plaignons* ). Dans la proposition, *la société des méchants est très funeste,* le sujet *société* est modifié
par le complément *déterminatif* ( *des méchants* ).

Dans l'autre proposition, *le fruit en est amer*, le sujet *fruit* est modifié par le complément déterminatif *en* pour de *elle* ( de la société des *méchants* ). Enfin, dans la phrase, *servir Dieu est le premier de nos devoirs*, le sujet *servir* est modifié par le complément *déterminatif* ou *objectif*, *Dieu*.

20. L'attribut peut être également incomplexe ou complexe.

21. L'attribut d'une proposition est *incomplexe*, quand la relation du sujet à la manière d'être est exprimée par un mot qui n'a aucun modificatif. Ainsi, quand on dit, *je parle, je suis content*, l'attribut de ces propositions est incomplexe, parce qu'il n'est accompagné d'aucun autre mot qui le modifie. *Je parle*, equivaut à, *je suis parlant;* c'est-à-dire, qu'il renferme tout à la fois le verbe *être* et l'attribut (Gramm. p. 30). *Content* n'énonce que la relation de convenance du sujet à l'attribut.

22. L'attribut est *complexe*, quand le mot principalement destiné à énoncer la relation du sujet à la manière d'être qu'on lui attribue, est accompagné d'autres mots qui en modifient la signification. Quand je dis, *un malheureux appelait tous les jours la mort à son secours*, et, *l'économie est la source de l'indépendance et de la libéralité*, les attributs de ces deux propositions sont complexes, parce que, dans chacun, le mot principal est accompagné d'autres mots qui en modifient la signification. *Appelait*, dans le premier exemple, est suivi de ces mots *tous les jours*, qui présentent l'action d'appeler comme modifiée par

( 7 )

une circonstance particulière; ensuite, de ceux-ci, *la mort*, qui déterminent la même action d'appeler, par l'application de cette action à un objet spécial ; enfin, de ces mots, *à son secours*, qui donnent, à l'action d'appeler, un but, un motif particulier. Dans le second exemple, l'attribut *source* est suivi des mots, *de l'indépendance et de la libéralité*, qui en restreignent la signification par l'idée spéciale d'un objet ou de deux objets déterminés.

23. L'idée que présente l'attribut d'une proposition peut donc être modifiée, restreinte, ou adaptée à quelques circonstances qui soient exprimées séparément du verbe et de l'attribut.

24. 1° L'attribut peut être modifié par un complément *objectif*. Quand je dis, *je lis un livre*, l'attribut *lisant* est modifié par le complément *objectif, livre*. Je lis *quoi*? Rép. *un livre*. Quand je dis, *je veux marcher*, l'attribut *voulant* est modifié par le complément *objectif, marcher*. Je veux *quoi*? Rép. *marcher*. Il n'y a que les verbes *actifs* qui puissent avoir un complément *objectif* ou *direct* ( Gramm. p. 30 et 31 ).

25. 2° L'attribut peut être modifié par un complément *terminatif*. Les verbes *actifs*, outre le complément *objectif* ou *direct*, ont encore un complément *terminatif* ou *indirect*. Quand je dis, *je donne un livre à mon fils*, l'attribut *donnant* est modifié par le complément *direct, un livre*, et par le complément *indirect* ou *terminatif, à mon fils*.

26. Les verbes *neutres*, ou *intransitifs*, n'ont point de complément *objectif* ( Gramm. *p.* 32 ). Ils ne peu-

vent avoir qu'un complément *terminatif* ou *indirect*.

27. On distingue quatre espèces de *termes* ou de *compléments terminatifs*. 1° Le terme de *situation* : *il demeure* à *Paris*; *vivre* à *la campagne*; *être couché* sur *la terre*; *maison située* entre *Paris* et *Versailles*. 2° Terme de *tendance* : *je vais* à *Paris*; *j'écris* à *votre frère*; *je* lui *envoie ce livre*; *allez-vous* chez lui? *j'y vais*; *je travaille* pour *vivre*. 3° Terme d'*extraction* : *il revient de Rome*; *il* en *est parti*; *sortir* de *sa chambre*; *il est aimé* de *son père*; *il s'occupe trop de ses plaisirs*. 4° Terme de *passage* : *j'ai passé* par *Orléans*; *il a fait ce voyage* par *mer*, etc.

28. 3° L'attribut peut être modifié par un complément *circonstanciel*, c'est-à-dire, qui en exprime le mode, les *circonstances*. On se sert pour cela d'*adverbes* ou de *propositions incidentes*. **Ex.** : *Cet orateur parle* avec facilité. *Cet homme s'est conduit* prudemment, avec prudence. *Vous êtes arrivé* après l'heure indiquée. *Je l'ai vue*, lorsqu'elle partait pour Lyon.

29. Les conjonctions servent à lier les propositions entr'elles; mais elles ne peuvent en rendre les membres *complexes* : il en est de même de quelques mots qui se joignent accidentellement aux propositions, et qu'on peut en retrancher sans altérer le sens. Tel est le mot, *monsieur*, dans cette phrase: *j'ai reçu*, monsieur, *votre lettre*, etc. Ainsi, les mots en *apostrophe* ou en *compellatif* ne rendent jamais complexes ni le sujet ni l'attribut.

30. Les *interjections* doivent être considérées moins comme des mots que comme des cris de la

nature : elles ne s'allient point au langage analysé ; ce ne sont point des parties de la proposition. Mais elles forment seules des propositions tout entières. C'est pour cela qu'elles doivent toujours être détachées et prononcées séparément de ce qui précède et de ce qui suit. Dans ce vers de Racine,

*Ah !* Fallait-il en croire une amante insensée ?

M^lle *Duchesnois* détachait avec raison le *ah !* ( ce qu'on n'avait jamais fait ), et reprenait ensuite :

*Fallait-il en croire une amante insensée ?*

Le mot qui suit l'interjection doit donc commencer par une lettre majuscule.

31. Les interjections placées devant le sujet ou devant l'attribut d'une proposition ne les rendent donc point *complexes.*

32. L'article, et les verbes auxiliaires *être* et *avoir,* placés devant un attribut, ne rendent point cet attribut *complexe,* puisqu'ils n'y ajoutent aucune idée accessoire. *Ne pas, ne point,* ne rendent pas non plus l'attribut *complexe,* ils se joignent seulement au verbe *être,* pour *écarter, nier* cet attribut du sujet.

33. Le mot qui suit les verbes *devenir, paraître, sembler, etc.,* ne représente point un complément objectif de ces verbes ; car ils sont intransitifs, et par conséquent ils ne peuvent point avoir de complément objectif ou direct. Ainsi, quand on dit, *cet homme devient vieux,* le mot *vieux* n'est point le complément objectif de *devient.* Cependant, l'esprit ne peut s'arrêter au mot *devient,* parce que le sens ne serait

1..

pas fini. Ce verbe doit être suivi d'un autre mot qui en *complète* la signification. *Domergue* trouve dans l'adjectif *vieux* un complément terminatif, en décomposant ainsi la phrase : *il est venant de l'état de jeunesse à cet état, lui vieux.* Il décompose la proposition, *il est tombé malade*, en celle-ci, *il est tombé dans cet état, lui malade ; et la mer paraît agitée*, en *la mer paraît dans cet état, elle agitée.* Au moyen de ces décompositions, les adjectifs *vieux, malade, agitée*, deviennent des compléments terminatifs qui rendent *complexes* les attributs *devenant, tombant, semblant*, etc.

34. On pourrait aussi regarder les deux mots, *devenant vieux, tombé malade, paraissant agitée, etc.*, comme deux mots inséparables, qui ne représentent à l'esprit qu'une seule et même idée, et forment ensemble l'attribut. Et cet attribut serait *incomplexe*, à moins qu'il ne fût accompagné de quelque modificatif. Cette explication me paraît même préférable à celle de Domergue.

35. Dans la phrase, *le général a fait marcher des troupes*, l'attribut est composé de deux mots qui s'identifient et s'individualisent, *faisant marcher*. Ces deux mots équivalent donc à un seul mot ( Gramm., p. 168), et l'attribut que ces deux mots représentent serait *incomplexe*, s'il n'était suivi du complément objectif *des troupes*.

36. J'ai décomposé, dans la proposition ci-dessus, l'attribut *a fait marcher*, en *a été faisant marcher*. Plusieurs grammairiens d'un mérite distingué con-

damnent cette manière de décomposer l'attribut ; je vais tâcher de la justifier. Quand je dis, *j'ai lu un livre*, l'attribut me paraît devoir être décomposé en *j'ai été lisant, etc.* En effet, puisque l'on doit, de l'aveu des professeurs mêmes qui ne partagent pas mon opinion, changer, *je lis ce livre*, en *je suis lisant*, *etc.* ; *je lisais un livre*, en *j'étais lisant*; *je lus un livre*, en *je fus lisant* ; *je lirai un livre*, en *je serai lisant*, *etc.*, en employant toujours le participe présent *lisant* avec le verbe *être* ; pourquoi ne décomposerais-je pas également *j'ai lu*, *j'avais lu un livre*, en *j'ai été lisant*, *j'avais été lisant*, etc., en joignant encore le participe présent *lisant* au verbe *être*, employé à un temps correspondant ?

37. Mais, dit Le Mare ( en chargeant d'injures Court-de-Gébelin, Desttut-Tracy, Wailly, Sicard, etc., dont nous suivons ici le sentiment ), le verbe *avoir* ne conservera donc plus rien de sa valeur? Je réponds à M. Le Mare, et à ceux qui sont de son opinion, que le verbe *avoir* n'est ici que verbe *auxiliaire*. Dans *j'ai lu*, je ne vois qu'un verbe principal; c'est le verbe *lire*. Le mot *ai*, dans *ai lu*, ne sert qu'à exprimer un temps composé du verbe *lire* : le participe *lu* est actif ; puisqu'il est suivi d'un complément objectif, *un livre*.

38. Je ne décomposerai donc point, avec Domergue, *j'ai lu un livre*, en *je suis ayant un livre lu*. Dans *j'ai lu*, je ne reconnais point un verbe actif *avoir*, mais seulement un verbe auxiliaire placé devant un participe actif suivi de son complément direct. Je ne

puis admettre de participes passifs que ceux qui sont joints au verbe *être*, ou qui sont employés comme adjectifs sans aucun verbe auxiliaire. Concluons donc qu'on doit décomposer, *j'ai lu*, en *j'ai été lisant;* comme on décompose, *je lus, je lirai*, en *je fus, je serai lisant.*

39. Dans les phrases qui suivent, l'attribut n'est point suivi d'un complément *objectif*, mais d'un complément *terminatif: Les troupes partiront la nuit; ce diamant vaut, coûte cent louis.* Les verbes *partir, valoir, coûter*, sont intransitifs. Les mots *la nuit, cent louis*, sont les compléments d'une préposition sous-entendue ( Gramm., p. 174; et Traité de l'Analyse grammaticale, aussi p. 174).

40. L'attribut n'est pas toujours expressément énoncé dans la proposition. Par exemple, dans les phrases, *je suis à votre service; il est à la campagne, cette ville est en cendres,.....* à votre *service, à la campagne, en cendres*, ne sont point des attributs proprement dits. L'esprit impatient a supprimé *dévoué*, dans la première phrase; *résidant*, dans la seconde; et *réduite*, dans la troisième. Mais ces mots doivent être rétablis dans l'analyse.

41. Les propositions sont également incomplexes ou complexes, selon la forme de l'énonciation de leur sujet et de leur attribut.

42. Une proposition *incomplexe* est celle dont le sujet et l'attribut sont également incomplexes. Exemples: *La servitude est affreuse. Vous partez. Mourir n'est rien.*

43. Une proposition *complexe* est celle dont le sujet ou l'attribut, ou même ces deux parties, sont complexes. Exemples : *Le nom de la paix est agréable. La paix fait le bonheur des nations. L'aimable paix fait bénir son empire.* La première proposition est *complexe* par son sujet ; la seconde l'est par son attribut ; et la troisième, par le sujet et par l'attribut.

44. Les propositions complexes se divisent en proposition principale et en proposition incidente.

45. La proposition *principale* est celle qui énonce ce que l'on veut spécialement faire entendre.

46. La proposition *incidente* est celle qui est ajoutée à un des membres de la proposition principale, pour le déterminer ou pour l'expliquer.

Quand on dit, *les savants, qui sont plus instruits que le commun des hommes, devraient aussi les surpasser en sagesse,... les savants devraient surpasser le commun des hommes en sagesse,* voilà la proposition principale, *... ils sont plus instruits que le commun des hommes,* voilà la proposition *incidente.* C'est une proposition partielle liée au sujet *savants,* dont elle est un supplément *explicatif,* parce qu'elle sert à en développer l'idée, pour y trouver un motif qui justifie l'énoncé de la proposition principale. La proposition *incidente* suppose donc la proposition *principale,* sans laquelle elle ne peut même exister.

47. Pareillement, quand on dit, *la gloire qui vient de la vertu a un éclat immortel,* les mots, *qui vient de la vertu,* forment une proposition *incidente*

liée au sujet *gloire*, dont elle est un supplément *déter-minatif*, parce qu'elle sert à restreindre la significa-tion trop générale du mot *gloire*, par l'idée de la cause particulière qui la procure, savoir, *la vertu*.

48. On distingue deux sortes de propositions *principales*, savoir, la proposition détachée et la proposition relative.

49. La proposition *détachée* ou *absolue* est celle qui, seule et sans le secours d'aucune autre proposition, énonce un sens complet et fini. Exemple : *Ni l'or ni la grandeur ne nous rendent heureux*.

50. La proposition *relative* est celle qui a un sens formé, mais lié à une autre proposition pour faire un sens total. Exemple : *L'ame du sage est toujours constante : elle lutte avec un courage égal contre le malheur et contre la prospérité...* La seconde proposition, *elle* ( l'ame du sage) *lutte*, etc., est une proposition *relative*, liée à la première, avec laquelle elle forme un tout complet.

51. Les propositions *incidentes* se subdivisent en propositions incidentes explicatives et en propositions incidentes déterminatives.

52. La proposition incidente *explicative* est celle qui est jointe à un membre de la proposition principale, pour le qualifier ou l'expliquer sans en restreindre la signification. La proposition incidente *explicative* peut être retranchée de la phrase, sans que la proposition *principale* cesse d'avoir un sens fini et absolument vrai. Si l'on dit, par exemple, *les*

passions, *qui sont les maladies de l'ame*, ne viennent que *de notre révolte contre la raison*, la proposition incidente, *qui sont les maladies de l'ame*, est explicative du sujet de la proposition principale, *les passions ne viennent que de notre révolte contre la raison*. Cette dernière proposition dit tout, et le retranchement de l'incidente n'en altèrerait aucunement le sens. La proposition incidente ne fait donc ici que qualifier les *passions*, et expliquer, développer le caractère, les effets des passions, sans en restreindre l'idée.

53. La proposition incidente *déterminative* est celle qui est jointe à un membre de la proposition principale, pour en restreindre la signification, et le *déterminer* à une idée moins générale que celle qu'il présente lorsqu'il est pris dans toute sa latitude. La proposition incidente *déterminative* ne peut être retranchée de la proposition *principale*, sans que l'intégrité de celle-ci ne soit altérée, et qu'elle ne cesse d'être exactement vraie. Quand je dis, *la gloire qui vient de la vertu a un éclat immortel*, la proposition incidente, *qui vient de la vertu*, détermine la *gloire* qui a un éclat immortel, et la restreint à celle qui vient de la vertu. Si l'on supprimait la proposition incidente, et qu'on dît, *la gloire a un éclat immortel*, ce ne serait plus la même proposition principale. Cette proposition n'aurait plus le même sujet, puisqu'il s'agirait alors de la gloire en général, d'une gloire quelconque, ayant une cause quelconque. Donc, au lieu de la première proposition, qui est

vraie, il en résulterait une proposition fausse; car toute espèce de gloire n'a pas un éclat immortel.

54. Quand la proposition incidente est *explicative*, elle est toujours liée au mot sur lequel elle tombe par un des pronoms relatifs *qui, que, dont, lequel*, etc. Le mot expliqué par la proposition incidente s'appelle alors l'*antécédent* du pronom relatif et de la proposition *incidente* même, et c'est toujours un nom ou l'équivalent d'un nom. Dans ce cas, on peut, sans altérer le sens, substituer l'antécédent au pronom relatif, et transformer ainsi la proposition *incidente* en proposition *principale*. Ainsi, dans cet exemple, *les passions, qui sont les maladies de l'ame, ne viennent que de notre révolte contre la raison*, on peut dire, *les passions sont les maladies de l'ame;* et cette proposition, devenue *principale*, a encore le même sens que quand elle était *incidente*.

55. Mais, quand la proposition incidente est *déterminative*, quoiqu'elle soit amenée par un des pronoms relatifs *qui, que, dont, lequel, etc.*, on ne peut pas la rendre principale, en substituant l'antécédent au pronom relatif, sans en altérer le sens. Ainsi, dans la phrase, *la gloire qui vient de la vertu a un éclat immortel*, on ne peut pas dire, *la gloire vient de la vertu*, parce que ce serait affirmer que toute gloire en général a sa source dans la vertu, ce que ne disait point la proposition *incidente*, et qui est faux en soi.

56. Les pronoms relatifs, *qui, que, dont, lequel, etc.*, ne sont pas les seuls mots qui servent à

lier les propositions incidentes *déterminatives* à leurs antécédents. Dans cette phrase, *je sais que vous m'aimez*, il y a deux propositions : la proposition principale, *je sais*, et la proposition incidente, *vous m'aimez*. La proposition *incidente* est liée à la proposition *principale* par la conjonction déterminative *que*; c'est comme s'il y avait, *je sais une chose*, qui est, *vous m'aimez. Petit poisson deviendra grand, pourvu que Dieu lui prête vie.* La conjonction *pourvu que* sert à joindre la proposition *incidente* déterminative à la proposition principale; c'est comme s'il y avait, *petit poisson deviendra grand*, à une condition qui est, *Dieu lui prêtera vie. Il viendra vous voir, s'il peut.* La conjonction *si* lie la proposition *incidente déterminative* à la principale : *il viendra vous voir*, à une condition qui est, *il le pourra.*

57. Les propositions *incidentes* comprennent les mêmes parties essentielles qui se trouvent dans les propositions principales.

58. Le pronom relatif qui sert à unir la proposition *incidente* à son antécédent, doit toujours être à la tête de la proposition *incidente*, et immédiatement après l'antécédent. Sans cela, le rapport de liaison ne serait pas assez sensible, et l'énonciation en serait moins claire. Ne dites donc point, *j'ai rencontré hier votre frère dans la rue, qui revenait de la campagne*; mais dites, *j'ai rencontré hier dans la rue votre frère, qui revenait de la campagne.* Cependant, le pronom relatif peut quelquefois se placer après une préposition dont il est le complément : *Les amis*

*sur* qui *vous comptez ;* ou même après le complément d'une préposition, s'il est déterminatif de ce complément: *Les amis sur les promesses desquels vous comptez.*

59. L'abbé de Condillac admet, outre la proposition *incidente*, une autre sorte de proposition qui dépend de la principale, et qu'il appelle *subordonnée.* C'est celle qui ne détermine ni ne qualifie aucun membre exprimé de la principale, mais qui se joint à celle-ci pour indiquer quelque circonstance. Par exemple, quand on dit, *je vous instruirai de tout lorsque vous reviendrez*, la proposition, *lorsque vous reviendrez,* est une proposition *subordonnée*, parce qu'elle dépend de la principale, *je vous instruirai de tout,* mais qu'elle n'en qualifie ni ne détermine aucun membre exprimé : elle y est seulement jointe pour indiquer une circonstance, *lorsque vous reviendrez...* *Sicard* et plusieurs autres grammairiens estimés, tels que MM. *Lehodey, Jégou,* etc., admettent aussi une *proposition subordonnée.*

60. Il n'est pas exact de dire que la proposition *subordonnée* ne qualifie ni ne détermine aucun membre de la proposition *principale* dont elle dépend. En effet, dans la phrase citée, *je vous instruirai de tout lorsque vous reviendrez,* la proposition, *lorsque vous reviendrez,* modifie l'attribut *instruisant* de la proposition principale, ce que l'on reconnaît aisément en rétablissant une partie de cet attribut, qui est supprimée par ellipse, *je vous instruirai de tout* dans le temps qui est celui *auquel vous reviendrez.* Dans cette phrase, citée par *Lehodey, Je crois que vous parlez,*

et dans laquelle il trouve une proposition *subor-donnée, Vous parlez*, on reconnaît sans peine que la proposition *vous parlez* détermine l'attribut de la proposition principale, *je crois*, en rétablissant les mots retranchés par ellipse, *je crois ceci*, une chose qui est, *vous parlez.*

61. Cette analyse nous fait voir que les propositions *subordonnées* sont de véritables propositions *incidentes elliptiques*. Il paraît donc superflu de distinguer les *subordonnées* des *incidentes*, d'autant que toutes les propositions incidentes sont subordonnées à la principale ; et l'on pourrait les qualifier indifféremment d'*incidentes* ou de *subordonnées*, sauf à désigner, par la double qualification d'*incidentes elliptiques*, celles que l'abbé de Condillac appelle *subordonnées* ... ( Le mot *incidente* vient du latin *incidere*, qui veut dire *tomber dans* ou *sur*. Une proposition *incidente* est donc celle qui tombe *dans* ou *sur* une autre. )

62. En conséquence de la distinction des incidentes en *explicatives* et en *déterminatives*, l'abbé *Girard* établit une règle de ponctuation qui est très raisonnable : c'est de mettre entre deux virgules la proposition *incidente explicative*, parce que, pouvant être ajoutée à la proposition *principale*, ou pouvant en être retranchée sans altérer le sens, elle n'a pas une liaison nécessaire avec l'antécédent. Mais il veut qu'on écrive de suite, sans virgule, la proposition *incidente déterminative*, parce que, comme elle ne peut point être séparée de la proposition *prin-*

*cipale*, sans altérer le sens de celle-ci, la virgule indiquerait faussement la possibilité de cette séparation.

63. Les propositions, considérées sous le rapport de leur forme, peuvent nous présenter trois principaux aspects. 1° On peut les envisager par rapport à la totalité des parties qui doivent entrer dans la composition analytique de la proposition ; 2° par rapport à l'ordre successif que l'analyse assigne à chacune de ces parties ; 3° par rapport au sens particulier qui peut dépendre de telle ou telle disposition.

64. 1° Par rapport à la totalité des parties qui doivent entrer dans la composition analytique de la *proposition*, elle est explicite ou implicite, complète ou incomplète, c'est-à-dire, pleine ou elliptique.

65. La proposition est *explicite*, lorsque tous les membres nécessaires à l'énonciation du sens qu'elle présente, y sont *explicitement* et séparément énoncés, comme : *La terre tourne autour du soleil.* Nous trouvons, dans cette proposition, un sujet, *la terre ;* un attribut, *tournant*, suivi d'un complément terminatif, *autour du soleil.*

66. Une proposition est *implicite*, lorsque tous les membres qui la composent y sont énoncés, non séparément, mais implicitement, c'est-à-dire, lorsqu'un des mots dont elle est composée annonce, par sa forme, qu'il comprend en lui plus d'un membre. Ainsi *mourons*, est une proposition *implicite*,

parce qu'elle comprend en un seul mot le sujet, l'attribut et le verbe *être* : *nous, soyons mourant.*

67. La proposition est *complète* ou *pleine*, lorsque tous les membres dont elle est composée y sont énoncés, soit explicitement, soit implicitement, de sorte qu'on n'ait besoin d'en rétablir aucun pour faire l'analyse. Exemple : *Le cœur trompe souvent l'esprit.*

68. La proposition est *incomplète* ou *elliptique*, lorsque l'un des principaux membres, le sujet ou l'attribut, ne se trouve pas expressément énoncé, et qu'on est obligé de le rétablir pour faire l'analyse. Exemple: *Qui a fait cela? — Mon frère.* Cette phrase présente deux phrases elliptiques. Dans l'interrogation, il faut suppléer l'attribut et le sujet pour rendre la phrase *pleine* et *complète. Qui est celui* qui a fait cela? La proposition principale est supprimée tout entière par l'ellipse, mais l'incidente, *qui a fait cela ?* annonce suffisamment l'ellipse, et l'on supplée sans peine les mots supprimés. La réponse à cette question n'énonce explicitement qu'un sujet, *mon frère.* Suppléez *a fait cela,* ou *c'est* mon frère, ou mon frère *est celui qui a fait cela... Que faire?* Il y a ellipse du sujet et de l'attribut dans cette proposition. Suppléez : que *dois-je,* que *devons-nous* faire ?... *Cet homme est plus heureux que sage...* Suppléez : cet homme est plus heureux *qu'il n'est* sage. Ainsi, le sujet *il* et le verbe *n'est* sont supprimés par ellipse. « Nous voudrions, » dit l'abbé de Condillac, « donner à nos expressions la rapidité de

« nos pensées. Ainsi, non-seulement le style doit être
« dégagé de toute superfluité, il doit encore être dé-
« barrassé de tout ce qui se supplée facilement: moins
« on emploie de mots, plus les idées sont liées? »
Voilà la cause et le fondement de l'ellipse.

69. *Oui* et *non*, sont des propositions elliptiques,
qui supposent chacune une proposition tout entière.
En effet, chacune suppose celle à laquelle elle sert
de réponse. *Viendrez-vous nous voir?* — *Oui;* c'est-
à-dire, *je viendrai vous voir... Partirez-vous?* —
*Non;* c'est-à-dire, *je ne partirai point.*

70. *Peut-être*, est encore une proposition elliptique, qui suppose une proposition entière à laquelle elle sert de réponse. *Irez-vous à la campagne cet été?* — *Peut-être;* c'est-à-dire, *j'irai
peut-être cet été à la campagne.*

71. Quand on dit, *courage*, *bon*, *ferme*, ces
mots seuls sont autant de propositions elliptiques,
qu'on peut rendre pleines au moyen de quelques ad-
ditions, comme : *prenez* courage ; *cela est* bon ;
*soyez* ou *frappez* ferme. En général, les exclama-
tions, les interjections, équivalent à des propositions entières.

72. Il est aisé de voir quelle différence il y a
entre une proposition explicite et une proposition
complète. La proposition *explicite* est toujours complète ; mais la proposition *complète* n'est pas toujours
explicite. Si l'on dit, *sortez,* la proposition est *complète ;* mais elle est *implicite*, en ce que le sujet *vous*
n'y est pas explicitement exprimé, *vous , soyez*

*sortant.* L'explicite est opposée à l'implicite, et la complète à l'elliptique.

73. 2° Par rapport à l'ordre successif que l'analyse assigne à chaque partie, la *proposition* est *directe* ou *inverse* ( Voyez le Traité de la construction grammaticale au commencement de la première partie de ces exercices, pag. 1$^{re}$ et suiv. ).

74. 3° Enfin, par rapport au sens particulier qui peut dépendre de la disposition des parties, la *proposition* est, ou expositive, ou impérative, ou interrogative, ou exclamative.

75. La proposition *expositive* est celle qui exprime l'énoncé d'un jugement actuel : *Dieu punira les méchants.* Elle est expositive avec hypothèse dans la seconde partie de cette phrase : *les hommes seraient trop heureux si l'équité les gouvernait.* Elle est expositive, en tirant une conséquence, dans la seconde partie de cette autre phrase : *vous êtes homme, donc vous mourrez.*

76. La proposition est *impérative*, lorsqu'elle exprime le commandement ou la défense de faire quelque chose. Exemple : *Mon fils, donne ta confiance aux actions des hommes, ne l'accorde pas à leurs discours.*

77. La proposition est *interrogative*, lorsqu'elle présente un doute, une incertitude, une question. *Que faites-vous ? Comment pouvez-vous perdre ainsi votre temps ?* etc.

78. La proposition est *exclamative*, lorsqu'elle annonce un mouvement de l'ame dans celui qui parle

et qui fait une exclamation. Exemples : *Que vous êtes joli ! Que vous me semblez beau !* etc.

79. Les locutions que nous appelons *gallicismes* offrent des difficultés dans l'analyse logique, comme dans l'analyse grammaticale. Nous allons tâcher d'aplanir aux élèves la route qui peut les conduire à rendre raison de ces phrases. Pour analyser celles-ci ,

*Il importe que vous partiez promptement;*
*Il est inutile de se donner cette peine ;*
*Il n'appartient qu'à vous de commander ici;*

nous devons les tourner en cette sorte :

*Il* ( cela , savoir ), *que vous partiez promptement,* importe (*est important*).

*Il* ( cela , savoir ), *se donner cette peine,* est inutile.

*Il* ( cela , savoir ), *commander ici ,* n'appartient qu'à vous ( *n'est appartenant qu'à vous* ).

Les phrases , *il est un Dieu vengeur , il y a un Dieu vengeur,* doivent se changer en celle-ci : *il* ( ceci , savoir ), *un Dieu vengeur* est existant (Voy. la première partie de ces exercices , p. 15 et 16 ).

80. Les propositions , *il pleut, il neige,* etc., etc. , se changent en, *ceci* pleut, le *ciel* pleut, ou le *nuage* pleut, etc. ( *Ibid.,* p. 16. )

81. Les phrases, *c'est à lui que je veux parler,* ou, *c'est lui à qui je veux parler,* peuvent prendre ce tour analytique, *lui est ce,* ou *celui,* à qui je veux parler. De même , dans cet exemple, *c'est votre père qui me l'a appris,* je puis dire : *votre*

ère est ce ou *celui qui me l'a appris;* ou bien,
*elui qui me l'a appris est votre père.*

82. La phrase, *ce sont eux qui doivent venir,*
oit s'analyser ainsi : *ceux qui doivent venir sont*
*ux,* ou, *eux sont ceux qui doivent venir....* Les
hrases, *c'est toi qui as fait la faute, ce sera nous*
*ui l'instruirons,* doivent se transformer en celles-
i : *celui qui a fait la faute, c'est toi,* ou, *toi-*
*iéme as fait la faute; ceux qui l'instruiront, ce*
*era nous,* ou, *nous serons ceux qui l'instrui-*
*ont,* etc.

———

# EXERCICES
## D'ANALYSE LOGIQUE.



## PREMIER EXERCICE.

Pendant que ces pensées roulaient dans mon esprit, je m'enfonçai dans une sombre forêt, où j'aperçus tout à coup un vieillard qui tenait un livre dans sa main. Ce vieillard avait un grand front chauve et un peu ridé : une barbe blanche pendait jusqu'à sa ceinture ; sa taille était haute et majestueuse ; son teint était encore frais et vermeil ; ses yeux étaient vifs et perçants, sa voix douce, ses paroles simples et aimables. Jamais je n'ai vu un si vénérable vieillard. Il s'appelait Termosiris. Il était prêtre d'Apollon, qu'il servait dans un temple de marbre que les rois d'Égypte avaient consacré à ce dieu dans cette forêt. Le livre qu'il tenait était un recueil d'hymnes en l'honneur des dieux.

## ANALYSE.

*Pendant que ces pensées roulaient dans mon esprit, je m'enfonçai dans une sombre forêt, où j'aperçus tout à coup un vieillard qui tenait un livre dans sa main.*

Cette phrase contient quatre propositions ; savoir :

une principale, deux incidentes explicatives, et une incidente déterminative.

*Je m'enfonçai dans une sombre forét :* voilà la proposition principale. Le sujet est *je*. Il est simple, parce qu'il présente à l'esprit un être déterminé par une idée unique ; il est incomplexe, parce qu'il n'est accompagné d'aucun modificatif. L'attribut est *enfonçant*. Il est simple, parce qu'il n'exprime qu'une seule manière d'être du sujet ; il est complexe, parce qu'il à pour complément objectif, *me* ( pour *moi* ); pour complément terminatif, *dans une sombre forét;* et pour complément circonstanciel, *pendant que ces pensées roulaient*, etc.

*Où j'aperçus tout à coup un vieillard :* voilà une proposition incidente explicative. Son sujet est *je*. Il est simple, parce qu'il exprime un être unique; il est incomplexe, parce qu'il n'a aucun modificatif. L'attribut est *apercevant*. Il est simple, parce qu'il n'exprime qu'une seule manière d'être du sujet; il est complexe, parce qu'il a pour complément objectif, *un vieillard*, et pour complémens terminatifs, l'adverbe *où*, qui marque la situation, et l'adverbe *tout à coup*, qui marque la circonstance.

*Qui tenait un livre dans sa main;* c'est une proposition incidente déterminative. Le sujet est *qui*, pour *vieillard*. Il est simple, parce qu'il exprime un être déterminé par une idée unique; il est incomplexe, parce qu'il n'a aucun complément explicatif ni déterminatif. L'attribut est *tenant*. Il est simple, parce qu'il n'exprime qu'une seule manière d'être du sujet;

il est complexe, parce qu'il a pour complément direct, *un livre*, et pour complément terminatif, *dans
sa main*.

*Pendant que ces pensées roulaient dans mon es-
prit :* voilà une proposition incidente explicative.
Le sujet est *pensées*. Il est simple, parce qu'il n'exprime qu'une seule idée ; il est complexe, parce qu'il
est modifié par l'adjectif démonstratif *ces*. L'attribut
est *roulant*. Cet attribut est simple, parce qu'il n'exprime qu'une manière d'être du sujet ; il est complexe, parce qu'il a pour complément terminatif,
*dans mon esprit*.

*Ce vieillard avait un grand front chauve et un peu
ridé :* une barbe blanche pendait jusqu'à sa ceinture ;
sa taille était haute et majestueuse ; son teint était
encore frais et vermeil ; ses yeux étaient vifs et perçants ; sa voix douce, ses paroles simples et aimables.

Cette phrase renferme sept propositions. La première est une proposition principale absolue ; les six
autres sont des propositions principales relatives.

*Ce vieillard avait un grand front chauve et un peu
ridé ;* c'est une proposition principale absolue. Le
sujet est *vieillard*. Ce sujet est simple, parce qu'il
présente à l'esprit un être déterminé par une idée
unique ; il est complexe, parce qu'il est modifié par
l'adjectif démonstratif *ce*. L'attribut est *ayant*. Il est
simple, parce qu'il n'exprime qu'une manière d'être
du sujet, et complexe, parce qu'il a pour complément
objectif, *un grand front chauve et un peu ridé*.

*Une barbe blanche pendait jusqu'à sa ceinture*

voilà une proposition principale relative. Le sujet est *barbe*. Ce sujet est simple, parce qu'il n'exprime qu'une idée ; il est complexe, parce qu'il est modifié par l'adjectif métaphysique *une*, et par l'adjectif physique *blanche*. L'attribut est *pendant*. Cet attribut est simple, parce qu'il n'indique qu'une manière d'être du sujet, et il est complexe, parce qu'il a pour complément terminatif, *jusqu'à sa ceinture*.

*Sa taille était haute et majestueuse* ; cette proposition est principale relative. Son sujet est *taille*. Il est simple, parce qu'il n'exprime qu'une idée ; et complexe, parce qu'il est modifié par l'adjectif possessif *sa*, qui y attache une idée de possession, d'appartenance. L'attribut est *haute et majestueuse*. Cet attribut est composé, parce qu'il énonce deux manières d'être du sujet ; et il est incomplexe, parce qu'il n'est accompagné d'aucun modificatif.

*Son teint était encore frais et vermeil* ; c'est encore une proposition principale relative. Le sujet est *teint*. Il est simple, parce qu'il exprime une idée unique ; il est complexe, parce qu'il est modifié par l'adjectif possessif *son*. L'attribut est *frais et vermeil*. Cet attribut est composé, parce qu'il indique deux manières d'être du sujet ; et complexe, parce qu'il est modifié par l'adverbe de temps *encore*.

*Ses yeux étaient vifs et perçants* ; cette proposition est principale relative. Le sujet est *yeux*. Ce sujet est simple, parce qu'il n'exprime qu'une seule idée ; il est complexe, parce qu'il est modifié par l'adjectif possessif *ses* L'attribut est *vifs et perçants*. Cet attribut est composé, parce qu'il exprime deux manières d'être du sujet; et il est incomplexe, parce qu'il n'est accompagné d'aucun modificatif.

*Sa voix* (était) *douce;* cette proposition est principale relative. Le sujet est *voix.* Il est simple, parce qu'il exprime une idée unique; il est complexe, parce qu'il est modifié par l'adjectif possessif *sa.* L'attribut est *douce.* Cet attribut est simple, parce qu'il n'exprime qu'une manière d'être du sujet; il est incomplexe, parce qu'il n'a aucun modificatif.

*Ses paroles* ( étaient) *simples et aimables :* voilà encore une proposition principale relative. Le sujet est *paroles.* Il est simple, parce qu'il exprime une idée unique; il est complexe, parce qu'il est modifié par l'adjectif possessif *ses.* L'attribut est *simples et aimables.* Cet attribut est composé, parce qu'il énonce plusieurs manières d'être du sujet; il est incomplexe, parce qu'il n'est accompagné d'aucun modificatif.

*Jamais je n'ai vu un si vénérable vieillard;* cette proposition est principale absolue. Le sujet est *je.* Ce sujet est simple, parce qu'il présente à l'esprit un être déterminé par une idée unique; il est incomplexe, parce qu'il n'est accompagné d'aucun modificatif. L'attribut est *voyant.* Il est simple, parce qu'il n'exprime qu'une seule manière d'être du sujet; il est complexe, parce qu'il a pour complément direct, *un si vénérable vieillard,* et qu'il est modifié par l'adverbe de temps *jamais.*

*Il s'appelait Termosiris :* voilà une proposition principale absolue. Le sujet est *il,* qui rappelle l'idée de *vieillard*. Il est simple, parce qu'il énonce un être unique; il est incomplexe, parce qu'il n'a point de modificatif. L'attribut est *appelé* (car le verbe est ici *pronominal*, Gramm., p. 33). Cet attribut est simple, parce qu'il n'exprime qu'une manière d'être du sujet; il est complexe, parce qu'il a pour complément terminatif, *Termosiris* ( *il était appelé* du nom de *Termosiris*).

*Il était prêtre d'Apollon, qu'il servait dans un temple de marbre que les rois d'Égypte avaient consacré à ce dieu dans cette forêt.*

Cette phrase renferme trois propositions, une principale, une incidente explicative, et une incidente déterminative.

*Il était prêtre d'Apollon :* voilà une proposition principale. Son sujet est *il*, qui rappelle l'idée de *vieillard*. Ce sujet est simple, parce qu'il présente à l'esprit un être déterminé par une idée unique; il est incomplexe, parce qu'il n'a point de modificatif. L'attribut est *prêtre*. Il est simple, parce qu'il n'exprime qu'une manière d'être du sujet; et complexe, parce qu'il a pour déterminatif, *d'Apollon*.

*Qu'il servait dans un temple de marbre ;* cette proposition est incidente explicative. Le sujet est *il*, qui rappelle l'idée de *vieillard*. Il est simple, parce qu'il énonce un être déterminé par une idée unique; et incomplexe, parce qu'il n'a point de modificatif. L'attribut est *servant*. Cet attribut est simple, parce qu'il n'exprime qu'une manière d'être du sujet; et complexe, parce qu'il a pour complément objectif, *que*

( pour *Apollon* ), et pour complément terminatif, *dans un temple de marbre.*

*Que les rois d'Égypte avaient consacré à ce dieu dans cette forêt :* voilà une proposition incidente déterminative. Le sujet est *rois.* Il est simple, parce qu'il offre à l'esprit une idée unique; il est complexe, parce qu'il a pour déterminatif *d'Égypte.* L'attribut est *consacrant.* Cet attribut est simple, parce qu'il n'exprime qu'une manière d'être du sujet; il est complexe, parce qu'il a pour complément direct, *que* ( pour *temple* ); pour complément indirect, *à ce dieu ;* et pour complément terminatif, qui marque la situation, *dans cette forêt.*

*Le livre qu'il tenait était un recueil d'hymnes en l'honneur des dieux.*

Cette phrase renferme deux propositions : l'une principale, et l'autre incidente déterminative.

*Le livre était un recueil d'hymnes en l'honneur des dieux :* voilà la proposition principale. Son sujet est *livre.* Il est simple, parce qu'il énonce une idée unique; il est complexe, parce qu'il a pour déterminatif, *qu'il tenait.* L'attribut est *recueil.* Cet attribut est simple, parce qu'il n'exprime qu'une manière d'être du sujet; et il est complexe, parce qu'il a pour déterminatif, *d'hymnes en l'honneur des dieux.*

*Qu'il tenait;* c'est une proposition incidente déterminative. Le sujet est *il,* qui rappelle l'idée de *vieillard.* Il est simple, parce qu'il présente à l'esprit un être déterminé par une idée unique; il est incomplexe, parce qu'il n'a point de modificatif. L'attribut est *tenant.* Cet attribut est simple , parce qu'il n'énonce qu'une manière d'être du sujet ; et il est complexe , parce qu'il a pour complément objectif , *que* ( pour *livre* ).

## DEUXIÈME EXERCICE.

Il m'aborde avec amitié : nous nous entretenons. Il racontait si bien les choses passées qu'on croyait les voir ; mais il les racontait courtement , et jamais ses histoires ne m'ont lassé. Il prévoyait l'avenir par la profonde sagesse qui lui faisait connaître les hommes et les desseins dont ils sont capables. Avec tant de prudence , il était gai , complaisant ; et la jeunesse la plus enjouée n'a point autant de grâce que n'en avait cet homme dans une vieillesse si avancée : aussi aimait-il les jeunes gens lorsqu'ils étaient dociles , et qu'ils avaient le goût de la vertu.

## ANALYSE.

*Il m'aborde avec amitié : nous nous entretenons.* Cette phrase renferme deux propositions : l'une principale absolue , et l'autre principale relative.

*Il m'aborde avec amitié :* voilà la proposition principale absolue. Le sujet est *il* , qui rappelle l'idée du *vieillard Termosiris.* Ce sujet est simple , parce qu'il offre à l'esprit un être déterminé par une idée unique ; il est incomplexe , parce qu'il n'est accompagné d'aucun modificatif. L'attribut est *abordant.* Il est simple , parce qu'il n'exprime qu'une manière d'être du sujet; il est complexe , parce qu'il a pour complé-

2..

ment direct, *me* (pour *moi*), et pour complément circonstanciel, *avec amitié*.

*Nous nous entretenons* ; cette proposition est principale relative. Le sujet est *nous*. Il est simple, parce qu'il comprend une idée collective unique ; il est incomplexe, parce qu'il n'a aucun modificatif. L'attribut est *entretenant*. Cet attribut est simple, parce qu'il n'exprime qu'une manière d'être du sujet ; et il est complexe, parce qu'il a pour complément objectif, *nous* (Gramm., p. 33).

*Il racontait si bien les choses passées qu'on croyait les voir ; mais il les racontait courtement, et jamais ses histoires ne m'ont lassé.*

Cette phrase comprend quatre propositions : une principale absolue, une incidente déterminative, et deux principales relatives.

*Il racontait si bien les choses passées* : voilà une proposition principale absolue. Le sujet est *il*, pour *Termosiris*. Il est simple, parce qu'il présente à l'esprit un être déterminé par une idée unique ; il est incomplexe, parce qu'il n'est accompagné d'aucun modificatif. L'attribut est *racontant*. Cet attribut est simple, parce qu'il n'énonce qu'une manière d'être du sujet. Il est complexe, parce qu'il a pour complément objectif, *les choses passées*, et pour complément circonstanciel, *si bien que*, etc.

*Qu'on croyait les voir* ; cette proposition est incidente déterminative. Le sujet est *on*. Il est simple, parce qu'il exprime une idée unique ; et incomplexe, parce qu'il n'a point de modificatif. L'attribut est *croyant*. Il est simple, parce qu'il n'indique qu'une manière d'être du sujet; il est complexe, parce qu'il a pour complément objectif, *voir elles* ( *les choses passées* ).

*Mais il les racontait courtement:* voilà une proposition principale relative. Le sujet est *il*, qui rappelle l'idée du *vieillard Termosiris*. Ce sujet est simple, parce qu'il offre à l'esprit un être déterminé par une idée unique; il est incomplexe, parce qu'aucun modificatif n'y est joint. L'attribut est *racontant*. Il est simple, parce qu'il n'exprime qu'une manière d'être du sujet; et il est complexe, parce qu'il a pour complément objectif, le pronom *les* ( pour *choses* ), et pour complément circonstanciel, l'adverbe de manière *courtement*.

*Et jamais ses histoires ne m'ont lassé;* cette proposition est encore principale relative. Le sujet est *histoires*. Il est simple, parce qu'il énonce une idée unique; il est complexe, parce qu'il est modifié par l'adjectif possessif *ses*. L'attribut est *lassant*. Cet attribut est simple, parce qu'il n'indique qu'une manière d'être du sujet; il est complexe, parce qu'il a pour complément objectif, *me* ( pour *moi* ), et pour complément circonstanciel, l'adverbe de temps *jamais*.

*Il prévoyait l'avenir par la profonde sagesse qui lui faisait connaître les hommes et les desseins dont ils sont capables.*

Cette phrase renferme trois propositions : une principale , et deux incidentes déterminatives.

*Il prévoyait l'avenir par la profonde sagesse :* voilà une proposition principale. Le sujet est *il* , qui rappelle l'idée du *vieillard Termosiris*. Il est simple , parce qu'il présente à l'esprit un être déterminé par une idée unique ; il est incomplexe , parce qu'il n'a point de modificatif. L'attribut est *prévoyant.* Cet attribut est simple , parce qu'il n'exprime qu'une manière d'être du sujet ; et il est complexe , parce qu'il a pour complément direct , *l'avenir* , et pour complément circonstanciel , *par la profonde sagesse.*

*Qui lui faisait connaître les hommes, et les desseins;* c'est une proposition incidente déterminative. Le sujet est *qui* ( pour *sagesse* ). Il est simple , parce qu'il présente à l'esprit une idée unique ; il est incomplexe , parce qu'il n'a point de modificatif. L'attribut est *faisant connaître* ( 35 ). Cet attribut est simple , parce qu'il n'exprime qu'une manière d'être du sujet ; il est complexe , parce qu'il a pour complément objectif *les hommes* , *et les desseins* ( Gramm. p. 168 ).

*Dont ils sont capables ;* cette proposition est incidente déterminative. Le sujet est *ils* , qui rappelle l'idée d'*hommes*. Il est simple , parce qu'il exprime une idée unique ; et incomplexe , parce qu'il n'a aucun modificatif. L'attribut est *capables*. Cet attribut est simple , parce qu'il n'indique qu'une manière d'être du sujet ; et il est complexe , parce qu'il a pour déterminatif , *dont* , pour *de lesquels* ( desseins ).

*Avec tant de prudence , il était gai , complaisant; et la jeunesse la plus enjouée n'a point autant de grâce que n'en avait cet homme dans une vieillesse si avancée : aussi aimait-il les jeunes gens lorsqu'ils étaient dociles , et qu'ils avaient le goût de la vertu.*

Cette phrase renferme six propositions : une principale absolue, deux principales relatives, et trois incidentes déterminatives.

*Avec tant de prudence , il était gai, complaisant;* c'est la proposition principale absolue. Le sujet est *il*, qui rappelle l'idée du *vieillard Termosiris*. Ce sujet est simple , parce qu'il offre à l'esprit un être déterminé par une idée unique ; il est incomplexe, parce qu'il n'est accompagné d'aucun modificatif. L'attribut est *gai , complaisant*. Cet attribut est composé, parce qu'il énonce deux manières d'être du sujet; et il est complexe, parce qu'il a pour complément circonstanciel, *avec tant de prudence* ( 28 ).

*Et la jeunesse la plus enjouée n'a point autant de grâce :* voilà une proposition principale relative. Le sujet est *jeunesse*. Ce sujet est simple , parce qu'il exprime une idée unique ; il est complexe, parce qu'il a pour modificatif, *la plus enjouée*. L'attribut est *ayant*. Il est simple, parce qu'il n'indique qu'une manière d'être du sujet ; et complexe , parce qu'il a pour complément objectif, *autant de grâce.*

*Que n'en avait cet homme dans une vieillesse si avancée ;* cette proposition est incidente déterminative. Le sujet est *homme*. Ce sujet est simple , parce qu'il présente à l'esprit un être déterminé par une

idée unique; il est complexe, parce qu'il est modifié
par l'adjectif démonstratif *cet*. L'attribut est *ayant*.
Il est simple, parce qu'il n'exprime qu'une manière
d'être du sujet; il est complexe, parce qu'il a pour
complément terminatif, le pronom relatif *en*, et pour
complément circonstanciel, *dans une vieillesse si
avancée.*

*Aussi aimait-il les jeunes gens;* c'est une proposition principale relative. Le sujet est *il*, qui rappelle
l'idée de *Termosiris*. Il est simple, parce qu'il offre
à l'esprit un être déterminé par une idée unique; il
est incomplexe, parce qu'il n'est accompagné d'aucun
modificatif. L'attribut est *aimant*. Cet attribut est
simple, parce qu'il n'exprime qu'une manière d'être
du sujet; il est complexe, parce qu'il a pour complément direct, *les jeunes gens*, et qu'il est déterminé
par les propositions suivantes, *etc.*

*Lorsqu'ils étaient dociles;* c'est une proposition
incidente déterminative. Le sujet est *ils* ( pour *les
jeunes gens* ). Il est simple, parce qu'il offre une
idée unique; et incomplexe, parce qu'il n'a point
de modificatif. L'attribut est *dociles*. Cet attribut est
simple, parce qu'il n'énonce qu'une manière d'être
du sujet; et il est incomplexe, parce qu'aucun modificatif ne s'y trouve joint.

*Et qu'ils avaient le goût de la vertu;* c'est une
autre proposition incidente déterminative. Le sujet
est *ils*, qui rappelle l'idée de *jeunes gens*. Il est
simple, parce qu'il présente une idée unique; il est
incomplexe, parce qu'il n'a point de modificatif. L'at-

tribut est *ayant.* Cet attribut est simple, parce qu'il n'exprime qu'une manière d'être du sujet; et il est complexe, parce qu'il a pour complément objectif, *le goût de la vertu.*

## TROISIÈME EXERCICE.

Bientôt il m'aima tendrement, et me donna des livres pour me consoler: il m'appelait, mon fils. Je lui disais souvent: Mon père, les dieux, qui m'ont ôté Mentor, ont eu pitié de moi; ils m'ont donné en vous un autre soutien. Cet homme, semblable à Orphée ou à Linus, était sans doute inspiré des dieux; il me récitait les vers qu'il avait faits, et me donnait ceux de plusieurs excellents poëtes favorisés des Muses.

## ANALYSE.

*Bientôt il m'aima tendrement, et me donna des livres pour me consoler: il m'appelait, mon fils.*

Cette phrase contient trois propositions: une principale absolue, et deux principales relatives.

*Bientôt il m'aima tendrement;* cette proposition est principale absolue. Son sujet est *il,* qui rappelle l'idée du *vieillard Termosiris.* Ce sujet est simple, parce qu'il énonce un être déterminé par une idée unique; il est incomplexe, parce qu'il n'est accompagné d'aucun modificatif. L'attribut est *aimant.* Il est simple, parce qu'il n'indique qu'une manière d'être du sujet; et il est complexe, parce qu'il a pour complément objectif, *me* ( pour *moi* ), et pour compléments circonstanciels, l'adverbe de temps *bientôt*, et l'adverbe de manière *tendrement.*

*Et* (il) *me donna des livres pour me consoler ;* cette proposition est principale relative. Le sujet est *il*, censé répété, et rappelant l'idée de *Termosiris.* Ce sujet est simple, parce qu'il exprime un être déterminé par une idée unique ; et il est incomplexe, parce qu'il n'a point de modificatif. L'attribut est *donnant.* Il est simple, parce qu'il n'énonce qu'une manière d'être du sujet ; il est complexe, parce qu'il a pour complément direct, *des livres ;* pour complément indirect, *me* ( pour *à moi*), et pour complément terminatif ( marquant le but, la tendance ), les mots, *pour me consoler.*

*Il m'appelait, mon fils ;* cette proposition est encore principale relative. Le sujet est *il*, qui tient la place de *Termosiris.* Il est simple, parce qu'il offre à l'esprit un être déterminé par une idée unique ; il est incomplexe, parce qu'il n'est accompagné d'aucun modificatif. L'attribut est *appelant.* Cet attribut est simple, parce qu'il n'exprime qu'une manière d'être du sujet ; et il est complexe, parce qu'il a pour complément objectif, *me* ( pour *moi*), et pour complément terminatif, *mon fils* ( de ce nom, *mon fils* ).

*Je lui disais souvent : Mon père, les dieux, qui m'ont ôté Mentor, ont eu pitié de moi ; ils m'ont donné en vous un autre soutien.*

Cette phrase renferme quatre propositions : une principale absolue, deux principales relatives, et une incidente explicative.

*Je lui disais souvent* : voilà une proposition principale absolue. Le sujet est *je*, qui rappelle l'idée de *Télémaque*. Ce sujet est simple, parce qu'il exprime un être déterminé par une idée unique ; il est incomplexe, parce qu'il n'a point de modificatif. L'attribut est *disant*. Cet attribut est simple, parce qu'il n'exprime qu'une manière d'être du sujet ; il est complexe, parce qu'il a pour complément indirect, *lui* (pour *à lui*) ; et pour complément circonstanciel, l'adverbe *souvent*.

*Les dieux ont eu pitié de moi*, cette proposition est principale relative. Le sujet est *dieux*. Il est simple, parce qu'il exprime une idée unique ; il est complexe, parce qu'il est modifié par ces mots, *qui m'ont ôté Mentor*. L'attribut est *ayant pitié* (Gramm. p. 118). Cet attribut est simple, parce qu'il n'exprime qu'une manière d'être du sujet ; il est complexe, parce qu'il a pour complément terminatif, *de moi* (27).

*Qui m'ont ôté Mentor*, c'est une proposition incidente explicative. Le sujet est *qui* (pour *dieux*). Ce sujet est simple, parce qu'il exprime une idée unique ; il est incomplexe, parce qu'il n'a point de modificatif. L'attribut est *ôtant*. Cet attribut est *simple*, parce qu'il n'indique qu'une manière d'être du sujet ; et il est complexe, parce qu'il a pour complément direct, *Mentor*, et pour complément indirect, *me* (pour *à moi*).

*Ils m'ont donné en vous un autre soutien*, cette proposition est principale relative. Le sujet est *ils* (pour *les dieux*). Ce sujet est simple, parce qu'il exprime une idée unique; il est incomplexe, parce qu'il n'a point de modificatif. L'attribut est *donnant.* Il est simple, parce qu'il n'énonce qu'une manière d'être du sujet; et il est complexe, parce qu'il a pour complément direct, *un autre soutien*; pour complément indirect, *me* (pour *à moi*); et pour complément terminatif, *en vous.*

*Cet homme, semblable à Orphée ou à Linus, était sans doute inspiré des dieux : il me récitait les vers qu'il avait faits, et me donnait ceux de plusieurs excellents poëtes favorisés des Muses.*

Cette phrase renferme quatre propositions : une principale absolue, deux principales relatives, et une incidente déterminative.

*Cet homme, semblable à Orphée ou à Linus, était sans doute inspiré des dieux :* voilà une proposition principale absolue. Le sujet est *homme.* Ce sujet est simple, parce qu'il exprime un être déterminé par une idée unique; il est complexe, parce qu'il est modifié par l'adjectif démonstratif *cet*, et par ces mots, *semblable à Orphée ou à Linus.* L'attribut est *inspiré.* Il est simple, parce qu'il n'indique qu'une manière d'être du sujet; il est complexe, parce qu'il a pour complément terminatif, *des dieux*, et pour complément circonstanciel, *sans doute.*

*Il me récitait les vers* ; cette proposition est principale relative. Le sujet est *il*, qui rappelle l'idée de *cet homme* (*Termosiris*). Il est simple, parce qu'il indique un être déterminé par une idée unique; il est incomplexe, parce qu'aucun modificatif ne s'y trouve joint. L'attribut est *récitant*. Il est simple, parce qu'il n'énonce qu'une manière d'être du sujet; il est complexe, parce qu'il a pour complément direct, *les vers qu'il,* etc., et pour complément indirect, *me* (pour *à moi*).

*Qu'il avait faits;* cette proposition est incidente déterminative. Le sujet est *il* (pour *Termosiris*). Il est simple, parce qu'il indique un être déterminé par une idée unique; il est incomplexe, parce qu'il n'a aucun modificatif. L'attribut est *faisant* (56 et 57). Il est simple, parce qu'il n'exprime qu'une manière d'être du sujet; il est complexe, parce qu'il a pour complément objectif, *que* (pour *lesquels vers*).

*Et* (il) *me donnait ceux de plusieurs excellents poëtes favorisés des Muses.* Cette proposition est principale relative. Le sujet est *il*, censé répété, et rappelant l'idée de *Termosiris*. Ce sujet est simple, parce qu'il exprime un être déterminé par une idée unique; il est incomplexe, parce qu'il n'est accompagné d'aucun modificatif. L'attribut est *donnant*. Cet attribut est simple, parce qu'il n'exprime qu'une manière d'être du sujet; et il est complexe, parce qu'il a pour complément direct, *ceux* (les vers) *de plusieurs excellents poëtes favorisés des Muses,* et pour complément indirect, *me* (pour *à moi*).

## QUATRIÈME EXERCICE.

Lorsqu'il était revêtu de sa longue robe d'une éclatante blancheur, et qu'il prenait en main sa lyre d'ivoire, les tigres, les ours, les lions, venaient le flatter et lécher ses pieds ; les Satyres sortaient des forêts pour danser autour de lui ; les arbres mêmes paraissaient émus ; et vous auriez cru que les rochers attendris allaient descendre du haut des montagnes, aux charmes de ses doux accents. Il ne chantait que la grandeur des dieux, la vertu des héros, et la sagesse des hommes qui préfèrent la gloire au plaisir.

## ANALYSE.

*Lorsqu'il était revêtu de sa longue robe d'une éclatante blancheur, et qu'il prenait en main sa lyre d'ivoire, les tigres, les ours, les lions, venaient le flatter et lécher ses pieds ; les Satyres sortaient des forêts pour danser autour de lui ; les arbres mêmes paraissaient émus ; et vous auriez cru que les rochers attendris allaient descendre du haut des montagnes, aux charmes de ses doux accents.*

Cette phrase comprend sept propositions : une principale absolue, trois principales relatives, et trois incidentes déterminatives.

*Les tigres, les ours, les lions, venaient le flatter et lécher ses pieds ;* cette proposition est principale absolue. Le sujet est *tigres, ours, lions.* Ce sujet est composé, parce qu'il comprend plusieurs idées à chacune desquelles peut convenir séparément le même attribut ( 11 ) ; il est incomplexe, parce qu'il n'a point de modificatif. L'attribut est *venant.* Il est simple, parce qu'il n'exprime qu'une manière d'être du sujet ; il est complexe, parce qu'il a pour complément terminatif, *le flatter et lécher ses pieds* , et pour complément déterminatif, *lorsqu'il était revêtu* , etc.

*Lorsqu'il était revêtu de sa longue robe d'une éclatante blancheur ;* c'est une proposition incidente déterminative. Le sujet est *il* , qui rappelle l'idée de *Termosiris*. Il est simple, parce qu'il indique un être déterminé par une idée unique ; il est incomplexe, parce qu'aucun modificatif n'y est joint. L'attribut est *revêtu*. Il est simple, parce qu'il n'énonce qu'une manière d'être du sujet ; il est complexe , parce qu'il a pour complément terminatif , *de sa longue robe d'une éclatante blancheur.*

*Et qu'il prenait en main sa lyre d'ivoire ;* cette proposition est incidente déterminative. Le sujet est *il* , qui rappelle l'idée de *Termosiris*. Ce sujet est simple, parce qu'il exprime un être déterminé par une idée unique ; il est incomplexe, parce qu'il n'a point de modificatif. L'attribut est *prenant*. Il est simple, parce qu'il n'indique qu'une manière d'être du sujet ; et il est complexe, parce qu'il a pour complément objectif, *sa lyre d'ivoire* , et pour complément terminatif, *en main.*

*Les Satyres sortaient des forêts pour danser autour de lui ;* cette proposition est principale relative. Le sujet est *Satyres*. Ce sujet est simple, parce qu'il énonce une idée unique ; et il est incomplexe, parce qu'il n'est accompagné d'aucun modificatif. L'attribut est *sortant*. Il est simple, parce qu'il n'exprime qu'une manière d'être du sujet ; il est complexe, parce qu'il a pour compléments terminatifs, *des forêts,* et, *pour danser autour de lui.*

*Les arbres mêmes paraissaient émus :* voilà une proposition principale relative. Le sujet est *arbres.* Ce sujet est simple, parce qu'il énonce une idée unique ; il est complexe, parce qu'il est modifié par l'adjectif *mêmes.* L'attribut est *paraissant émus* (34). Cet attribut est simple, parce qu'il ne présente qu'une manière d'être du sujet ; et il est incomplexe, parce qu'il n'est accompagné d'aucun modificatif.

*Et vous auriez cru,* etc ; cette proposition est principale relative. Le sujet est *vous.* Il est simple, parce qu'il offre à l'esprit une idée unique ; il est incomplexe, parce qu'il n'a point de modificatif. L'attribut est *croyant.* Cet attribut est simple, parce qu'il n'indique qu'une manière d'être du sujet ; et il est complexe, parce qu'il est suivi de la proposition déterminative, *que les rochers attendris allaient,* etc.

*Que les rochers attendris allaient descendre du haut des montagnes, aux charmes de ses doux accents ;* cette proposition est incidente déterminative. Le sujet est *rochers.* Ce sujet est simple, parce qu'il énonce une idée unique ; il est complexe, parce qu'il est modifié par le participe adjectif *attendris.* L'attribut est *allant descendre.* Il est simple, parce qu'il n'exprime qu'une manière d'être du sujet ; et il est complexe, parce qu'il a pour compléments terminatifs, *du haut des montagnes, aux charmes de ses doux accents.*

*Il ne chantait que la grandeur des dieux, la vertu*

des héros, et la sagesse des hommes qui préfèrent la gloire au plaisir.

Cette phrase comprend deux propositions : une principale, et une incidente déterminative.

*Il ne chantait que la gloire des dieux, la vertu des héros, et la sagesse des hommes;* c'est une proposition principale. Le sujet est *il*, qui rappélle l'idée du *vieillard Termosiris.* Ce sujet est simple, parce qu'il désigne un être déterminé par une idée unique; il est incomplexe, parce qu'il n'a point de modificatif. L'attribut est *chantant.* Il est simple, parce qu'il n'exprime qu'une manière d'être du sujet; il est complexe, parce qu'il a pour complément objectif, *la gloire des dieux, la vertu des héros, et la sagesse des hommes qui,* etc. et pour compl. circonst. l'adv. *ne que* mis pour *seulement.*

*Qui préfèrent la gloire au plaisir :* voilà une proposition incidente déterminative. Le sujet est *qui* (pour *hommes*). Ce sujet est simple, parce qu'il exprime une idée unique; il est incomplexe, parce qu'il n'a aucun modificatif. L'attribut est *préférant.* Il est simple, parce qu'il n'exprime qu'une manière d'être du sujet; et il est complexe, parce qu'il a pour complément direct, *la gloire,* et pour complément indirect, *au plaisir.*

## CINQUIÈME EXERCICE.

Il me disait souvent que je devais prendre courage, et que les dieux n'abandonneraient ni Ulysse ni son fils. Enfin, il m'assura que je devais, à l'exemple d'Apollon, enseigner aux bergers à cultiver les Muses. Apollon, disait-il, indigné de ce que Jupiter par ses foudres troublait le ciel dans les plus beaux jours, voulut s'en venger sur les Cyclopes qui forgeaient les foudres, et les perça de ses flèches. Aussitôt le mont Etna cessa de vomir des tourbillons de flamme; on n'entendit plus les coups des terribles marteaux qui, frappant l'enclume, faisaient gémir les profondes cavernes de la terre, et les abymes de la mer. Le fer et l'airain, n'étant plus polis par les Cyclopes, commençaient à se rouiller.

## ANALYSE.

*Il me disait souvent que je devais prendre courage, et que les dieux n'abandonneraient ni Ulysse ni son fils.*

Cette phrase comprend trois propositions : une principale, et deux incidentes déterminatives.

*Il me disait souvent :* voilà la proposition principale. Le sujet est *il*, qui rappelle l'idée de *Termosiris*. Il est simple, parce qu'il exprime un être déterminé par une idée unique; il est incomplexe, parce qu'il n'a point de modificatif. L'attribut est *disant*. Il est simple, parce qu'il n'exprime qu'une manière d'être du sujet; il est complexe, parce qu'il est suivi de la proposition déterminative, *que je devais, etc.*, et qu'il a pour complément circonstanciel, l'adverbe de temps *souvent*, et pour complément indirect, *me* ( pour *à moi* ).

*Que je devais prendre courage ;* cette proposition est incidente déterminative. Le sujet est *je*, pour *Télémaque*. Il est simple, parce qu'il exprime un être déterminé par une idée unique ; il est incomplexe, parce qu'il n'a point de modificatif. L'attribut est *devant*. Cet attribut est simple, parce qu'il n'exprime qu'une manière d'être du sujet ; il est complexe, parce qu'il a pour complément objectif, *prendre courage*.

*Et que les dieux n'abandonneraient ni Ulysse ni son fils ;* c'est encore une proposition incidente déterminative. Le sujet est *dieux*. Il est simple, parce qu'il énonce une idée unique ; il est incomplexe, parce qu'il n'est accompagné d'aucun modificatif. L'attribut est *abandonnant*. Cet attribut est simple, parce qu'il n'exprime qu'une manière d'être du sujet ; et il est complexe, parce qu'il a pour complément objectif, *Ulysse et son fils.*

*Enfin, il m'assura que je devais, à l'exemple d'Apollon, enseigner aux bergers à cultiver les Muses.*

Cette phrase renferme deux propositions : l'une principale, et l'autre incidente déterminative.

*Enfin, il m'assura :* voilà la proposition principale. Le sujet est *il*, qui rappelle l'idée de *Termosiris*. Il est simple, parce qu'il indique un être déterminé par une idée unique ; il est incomplexe, parce qu'il n'a point de modificatif. L'attribut est *assurant.* Cet attribut est simple, parce qu'il n'énonce qu'une manière d'être du sujet ; il est complexe, parce qu'il a pour complément terminatif *me* pour *à moi*, et qu'il est suivi de la proposition déterminative, *que je devais*, etc.

3

*Que je devais, à l'exemple d'Apollon, enseigner aux bergers à cultiver les Muses ;* cette proposition est incidente déterminative. Le sujet est *je* (pour *Télémaque*). Il est simple, parce qu'il indique un être déterminé par une idée unique ; il est incomplexe, parce qu'il n'est accompagné d'aucun modificatif. L'attribut est *devant.* Cet attribut est simple, parce qu'il n'exprime qu'une manière d'être du sujet ; et il est complexe, parce qu'il a pour complément objectif, *enseigner aux bergers à cultiver les Muses,* et pour complément circonstanciel, *à l'exemple d'Apollon.*

*Apollon, disait-il, indigné de ce que Jupiter par ses foudres troublait le ciel dans les plus beaux jours, voulut s'en venger sur les Cyclopes qui forgeaient les foudres, et les perça de ses flèches.*

Cette phrase est composée de cinq propositions : une est principale absolue, une principale relative, deux incidentes déterminatives, et une incidente explicative.

*Apollon, indigné,* etc., *voulut s'en venger sur les Cyclopes…* Cette proposition est principale absolue. Le sujet est *Apollon.* Il est simple, parce qu'il énonce un être déterminé par une idée unique ; il est complexe, parce qu'il a pour modificatif, *indigné de ce que,* etc. L'attribut est *voulant.* Cet attribut est simple, parce qu'il n'indique qu'une seule manière d'être du sujet ; il est complexe, parce qu'il a pour complément objectif, *s'en venger sur les Cyclopes.*

*Jupiter par ses foudres troublait le ciel dans les plus beaux jours ;* cette proposition est incidente déterminative. Le sujet est *Jupiter*. Il est simple, parce qu'il indique un être déterminé par une idée unique ; il est incomplexe, parce qu'il n'a point de modificatif. L'attribut est *troublant*. Cet attribut est simple, parce qu'il n'exprime qu'une manière d'être du sujet ; il est complexe, parce qu'il a pour complément objectif, *le ciel* ; pour complément terminatif, *par ses foudres*, et pour complément circonstanciel, *dans les plus beaux jours*.

*Qui forgeaient les foudres*, c'est une proposition incidente déterminative. Le sujet est *qui* (pour *les Cyclopes*). Il est simple, parce qu'il exprime une idée unique ; il est incomplexe, parce qu'il n'a point de modificatif. L'attribut est *forgeant*. Il est simple, parce qu'il n'énonce qu'une manière d'être du sujet ; il est complexe, parce qu'il a pour complément objectif, *les foudres*.

*Disait-il* ; cette proposition est incidente explicative. Le sujet est *il*, qui rappelle l'idée de *Termosiris*. Il est simple, parce qu'il exprime un être déterminé par une idée unique ; il est incomplexe, parce qu'il n'a point de modificatif. L'attribut est *disant*. Il est simple, parce qu'il n'indique qu'une manière d'être du sujet ; et il est incomplexe, parce qu'il n'est accompagné d'aucun modificatif.

*Et* (il) *les perça de ses flèches* ; c'est une proposition principale relative. Le sujet est *il* ( pour *Apollon* ). Il est simple, parce qu'il énonce un être déterminé par une idée unique ; il est incomplexe, parce qu'il n'a point de modificatif. L'attribut est *perçant*. Il est

3.

simple, parce qu'il n'exprime qu'une manière d'être du sujet; il est complexe, parce qu'il a pour complément objectif, *les* ( pour *Cyclopes* ) ; et pour complément terminatif, *de ses flèches.*

*Aussitôt le mont Etna cessa de vomir des tourbillons de flammes ; on n'entendit plus les coups des terribles marteaux qui, frappant l'enclume, faisaient gémir les profondes cavernes de la terre et les abymes de la mer : le fer et l'airain, n'étant plus polis par les Cyclopes, commençaient à se rouiller.*

Cette phrase renferme quatre propositions : une principale absolue, deux principales relatives, et une incidente déterminative.

*Aussitôt le mont Etna cessa de vomir des tourbillons de flammes :* voilà une proposition principale absolue. Le sujet est *mont.* Ce sujet est simple, parce qu'il énonce une idée unique; il est complexe, parce qu'il a pour déterminatif, le nom propre *Etna.* L'attribut est *cessant.* Il est simple, parce qu'il n'exprime qu'une manière d'être du sujet; il est complexe, parce qu'il a pour complément terminatif, *de vomir des tourbillons de flammes,* et pour complément circonstanciel, *aussitôt.*

*On n'entendit plus les coups des terribles marteaux;* cette proposition est principale relative. Le sujet est *on.* Il est simple, parce qu'il exprime une idée unique; il est incomplexe, parce qu'il n'a point de modificatif. L'attribut est *entendant.* Cet attribut est simple, parce qu'il n'indique qu'une manière d'être du sujet; il est complexe, parce qu'il a pour com-

plément objectif, *les coups des terribles marteaux*,
et pour complément circonstanciel, l'adverbe *ne
plus*, qui marque ici cessation d'action

*Qui, frappant l'enclume, faisaient gémir les pro-*
*fondes cavernes de la terre et les abymes de la mer ;*
c'est une proposition incidente déterminative. Le
sujet est *qui* ( pour *marteaux* ). Ce sujet est simple ,
parce qu'il exprime une idée unique ; il est complexe,
parce qu'il est modifié par ces mots, *frappant l'en-*
*clume.* L'attribut est *faisant gémir* ( 35, et Gramm.
p. 168). Il est simple , parce qu'il ne présente qu'une
manière d'être du sujet ; il est complexe, parce qu'il
a pour complément objectif, *les profondes cavernes*
*de la terre et les abymes de la mer.*

*Le fer et l'airain, n'étant plus polis par les Cy-*
*clopes, commençaient à se rouiller :* voilà une proposition principale relative. Le sujet est *fer* et *airain.*
Ce sujet est composé, parce qu'il comprend plusieurs
idées auxquelles peut convenir séparément le même
attribut ; il est complexe, parce qu'il est modifié par
ces mots, *n'étant plus polis par les Cyclopes.* L'attribut est *commençant.* Il est simple, parce qu'il n'indique qu'une manière d'être du sujet ; il est complexe,
parce qu'il a pour complément terminatif, *à se rouiller.*

## SIXIÈME EXERCICE.

Vulcain, furieux, sort de sa fournaise : quoique
boiteux , il monte en diligence vers l'Olympe ; il ar
rive, suant et couvert de poussière, dans l'assemblée
des dieux ; il fait des plaintes amères. Jupiter s'irrite

contre Apollon, le chasse du ciel, et le précipite sur la terre. Son char vide faisait de lui-même son cours ordinaire, pour donner aux hommes les jours et les nuits avec le changement régulier des saisons.

Apollon, dépouillé de touts ses rayons, fut contraint de se faire berger, et de garder les troupeaux du roi Admète. Il jouait de la flûte, et touts les autres bergers venaient à l'ombre des ormeaux sur le bord d'une claire fontaine écouter ses chansons. Jusque-là, ils avaient mené une vie sauvage et brutale ; ils ne savaient que conduire leurs brebis, les tondre, traire leur lait, et faire des fromages : toute la campagne était comme un désert affreux.

## ANALYSE.

*Vulcain, furieux, sort de sa fournaise : quoique boiteux, il monte en diligence vers l'Olympe ; il arrive, suant et couvert de poussière, dans l'assemblée des dieux ; il fait des plaintes amères.*

Cette phrase renferme quatre propositions : une principale absolue, et trois principales relatives.

*Vulcain, furieux, sort de sa fournaise :* voilà une proposition principale absolue. Le sujet est *Vulcain*. Il est simple, parce qu'il exprime un être déterminé par une idée unique ; il est complexe, parce qu'il est modifié par l'adjectif *furieux*. L'attribut est *sortant*. Cet attribut est simple, parce qu'il n'indique qu'une manière d'être du sujet ; il est complexe, parce qu'il a pour complément terminatif, *de sa fournaise*.

*Quoique boiteux, il monte en diligence vers*

*l'Olympe;* cette proposition est principale relative. Le sujet est *il* ( pour *Vulcain* ). Il est simple , parce qu'il indique un être déterminé par une idée unique ; il est complexe, parce qu'il a pour modificatif, *quoique boiteux.* L'attribut est *montant.* Cet attribut est simple, parce qu'il n'exprime qu'une manière d'être du sujet ; il est complexe, parce qu'il a pour complément terminatif, *vers l'Olympe,* et pour complément circonstanciel, *en diligence.*

*Il arrive, suant et couvert de poussière, dans l'assemblée des dieux;* c'est une proposition principale relative. Le sujet est *il* ( pour *Vulcain* ). Ce sujet est simple, parce qu'il exprime un être déterminé par une idée unique ; il est incomplexe, parce qu'il n'est accompagné d'aucun modificatif. L'attribut est *arrivant.* Il est simple, parce qu'il n'énonce qu'une manière d'être du sujet; il est complexe, parce qu'il a pour complément terminatif, *dans l'assemblée des dieux* ( 27 * ), et pour complément circonstanciel, ( dans cet état, lui ), *suant et couvert de poussière.*

*Il fait des plaintes amères :* voilà encore une proposition principale relative. Le sujet est *il,* qui rappelle l'idée de *Vulcain.* Il est simple, parce qu'il exprime un être déterminé par une idée unique; il est incomplexe, parce qu'il n'a point de modificatif. L'attribut est *faisant.* Cet attribut est simple , parce

---

(*) Ces chiffres indiquent ceux du *Traité de la Proposition* où nous avons donné l'analyse de la difficulté qui se présente à résoudre.

qu'il n'indique qu'une manière d'être du sujet; il est complexe, parce qu'il a pour complément objectif, *des plaintes amères*.

*Jupiter s'irrite contre Apollon, le chasse du ciel, et le précipite sur la terre.*

Cette phrase renferme trois propositions : une principale absolue, et deux principales relatives.

*Jupiter s'irrite contre Apollon*; c'est une proposition principale absolue. Le sujet est *Jupiter*. Il est simple, parce qu'il indique un être déterminé par une idée unique; il est incomplexe, parce qu'il n'a aucun modificatif. L'attribut est *irrité* ( Le verbe est ici pronominal, Gramm. p. 33 et 161 ). Cet attribut est simple, parce qu'il n'exprime qu'une manière d'être du sujet; il est complexe, parce qu'il a pour complément terminatif, *contre Apollon*.

(Il) *le chasse du ciel;* cette proposition est principale relative. Le sujet est *il*, censé mis pour rappeler l'idée de *Jupiter*. Ce sujet est simple, parce qu'il énonce un être déterminé par une idée unique; il est incomplexe, parce qu'il n'a point de modificatif. L'attribut est *chassant*. Il est simple, parce qu'il n'indique qu'une manière d'être du sujet; il est complexe, parce qu'il a pour complément objectif, le pronom relatif *le*, qui tient la place d'*Apollon*, et pour complément terminatif, *du ciel*.

*Et* (il) *le précipite sur la terre ;* c'est encore une proposition principale relative. Le sujet est *il*, censé répété pour tenir la place de *Jupiter*. Il est simple, parce qu'il exprime un être déterminé par une idée unique; il est incomplexe, parce qu'il n'a point de modificatif. L'attribut est *précipitant*. Cet attribut est simple, parce qu'il n'énonce qu'une manière d'être du sujet ; il est complexe, parce qu'il a pour complément objectif, *le*, qui rappelle l'idée d'*A-pollon*, et pour complément terminatif, *sur la terre*.

*Son char vide faisait de lui-même son cours ordi-naire, pour donner aux hommes les jours et les nuits avec le changement régulier des saisons* ; cette phrase ne renferme qu'une proposition, qui est principale. Le sujet est *char*. Il est simple, parce qu'il exprime une idée unique ; il est complexe, parce qu'il est modifié par les adjectifs *son* et *vide*. L'attribut est *faisant*. Cet attribut est simple, parce qu'il n'indique qu'une manière d'être du sujet ; il est complexe, parce qu'il a pour complément objectif, *son cours ordinaire ;* pour complément circonstanciel, *de lui-même*, et pour complément terminatif, *pour donner aux hommes les jours et les nuits avec le changement régulier des saisons.*

*Apollon, dépouillé de touts ses rayons, fut con-traint de se faire berger, et de garder les troupeaux du roi Admète.*

Cette phrase n'offre qu'une proposition, qui est principale. Le sujet est *Apollon*. Il est simple, parce qu'il indique un être déterminé par une idée unique ; il est complexe, parce qu'il a pour modifi-catif, *dépouillé de touts ses rayons*. L'attribut est *con-traint*. Il est simple, parce qu'il n'énonce qu'une ma-nière d'être du sujet ; il est complexe, parce qu'il a

3..

pour complément terminatif, *de se faire berger*, *et de garder les troupeaux du roi Admète.*

*Il jouait de la flûte, et touts les autres bergers venaient à l'ombre des ormeaux sur le bord d'une claire fontaine écouter ses chansons.*

Cette phrase renferme deux propositions : l'une principale absolue, et l'autre principale relative.

*Il jouait de la flûte ;* c'est la proposition principale absolue. Son sujet est *il*, qui tient la place d'*Apollon*. Il est simple, parce qu'il indique un être déterminé par une idée unique ; il est incomplexe, parce qu'il n'est accompagné d'aucun modificatif. L'attribut est *jouant*. Cet attribut est simple, parce qu'il n'exprime qu'une manière d'être du sujet ; il est complexe, parce qu'il a pour complément terminatif, *de la flûte.*

*Et touts les autres bergers venaient à l'ombre des ormeaux sur le bord d'une claire fontaine écouter ses chansons ;* cette proposition est principale relative. Le sujet est *bergers*. Il est simple, parce qu'il exprime une idée unique ; il est complexe, parce qu'il est modifié par les adjectifs *touts* et *autres*. L'attribut est *venant*. Cet attribut est simple, parce qu'il n'indique qu'une manière d'être du sujet ; il est complexe, parce qu'il a pour complément terminatif, *écouter ses chansons*, et pour complément circonstanciel, *à l'ombre des ormeaux sur le bord d'une claire fontaine.*

*Jusque-là ils avaient mené une vie sauvage et brutale ; ils ne savaient que conduire leurs brebis,*

*les tondre, traire leur lait, et faire des fromages :
toute la campagne était comme un désert affreux.*

Cette phrase contient trois propositions : une
principale absolue, et deux principales relatives.

*Jusque-là ils avaient mené une vie sauvage et bru-
tale ;* c'est la proposition principale absolue. Le
sujet est *ils*, qui rappelle l'idée de *bergers*. Ce sujet
est simple, parce qu'il exprime une idée unique ;
il est incomplexe, parce qu'il n'a point de modificatif. L'attribut est *menant* ( 36, 37 et 38). Cet attribut est simple, parce qu'il n'énonce qu'une manière d'être du sujet ; il est complexe, parce qu'il a
pour complément objectif, *une vie sauvage et brutale*, et pour complément circonstanciel, *jusque-là.*

*Ils ne savaient que conduire leurs brebis, les ton-
dre, traire leur lait, et faire des fromages ;* cette proposition est principale relative. Le sujet est *ils*, qui
rappelle l'idée de *bergers*. Il est simple, parce qu'il
exprime une idée unique ; il est incomplexe, parce
qu'il n'est accompagné d'aucun modificatif. L'attribut
est *sachant*. Il est simple, parce qu'il n'indique qu'une
manière d'être du sujet ; il est complexe, parce qu'il
a pour complément objectif, *conduire leurs brebis,
les tondre, traire leur lait, et faire des fromages*,
et pour complément terminatif, *ne que*, qui équivaut à *seulement*, et marque restriction.

*Toute la campagne était comme* ( semblable à ) *un
désert affreux ;* c'est une proposition principale relative. Le sujet est *campagne*. Il est simple, parce qu'il
exprime une idée unique ; il est complexe, parce qu'il

est modifié par l'adjectif *toute*. L'attribut est *semblable*. Il est simple, parce qu'il n'indique qu'une manière d'être du sujet ; il est complexe, parce qu'il a pour complément terminatif, *à* (comme) *un désert affreux*.

## SEPTIÈME EXERCICE.

Bientôt Apollon montra à touts ces bergers les arts qui peuvent rendre la vie agréable. Il chantait les fleurs dont le printemps se couronne, les parfums qu'il répand, et la verdure qui naît sous ses pas. Puis il chantait les délicieuses nuits de l'été, où les zéphyrs rafraîchissent les hommes, et où la rosée désaltère la terre. Il mêlait aussi dans ses chansons les fruits dorés dont l'automne récompense les travaux des laboureurs, et le repos de l'hiver, pendant lequel la folâtre jeunesse danse auprès du feu. Enfin, il représentait les forêts sombres qui couvrent les montagnes, et les creux vallons, où les rivières, par mille détours, semblent se jouer au milieu des riantes prairies. Il apprit ainsi aux bergers quels sont les charmes de la vie champêtre, quand on sait goûter ce que la simple nature a de gracieux.

## ANALYSE.

*Bientôt Apollon montra à touts ces bergers les arts qui peuvent rendre la vie agréable.*

Cette phrase renferme deux propositions : l'une principale, et l'autre incidente déterminative.

*Bientôt Apollon montra à touts ces bergers les arts ;* cette proposition est principale. Le sujet est *Apollon*. Il est simple, parce qu'il indique un être déterminé par une idée unique ; il est incomplexe , parce qu'il n'est accompagné d'aucun modificatif. L'attribut est *montrant*. Cet attribut est simple , parce qu'il n'énonce qu'une manière d'être du sujet ; il est complexe, parce qu'il a pour complément direct, *les arts*, pour complément indirect, *à touts ces bergers*, et pour complément circonstanciel, *bientôt*.

*Qui peuvent rendre la vie agréable*; c'est la proposition incidente déterminative. Le sujet est *qui* ( pour *les arts* ). Ce sujet est simple , parce qu'il exprime une idée unique ; il est incomplexe, parce qu'il n'a point de modificatif. L'attribut est *pouvant*. Il est simple , parce qu'il n'indique qu'une manière d'être du sujet ; il est complexe , parce qu'il a pour complément terminatif , *rendre la vie agréable*.

*Il chantait les fleurs dont le printemps se couronne , les parfums qu'il répand , et la verdure qui naît sous ses pas*.

Cette phrase contient quatre propositions : une principale , et trois incidentes déterminatives.

*Il chantait les fleurs, les parfums, et la verdure ;* c'est la proposition principale. Le sujet est *il* , qui tient la place d'*Apollon*. Il est simple , parce qu'il exprime un être déterminé par une idée unique ; il est incomplexe, parce qu'il n'est accompagné d'aucun modificatif. L'attribut est *chantant*. Cet attribut est simple, parce qu'il n'énonce qu'une manière d'être du sujet ; il est complexe, parce qu'il a pour complément objectif, *les fleurs, les parfums, et la verdure*.

*Dont le printemps se couronne ;* cette proposition

est incidente déterminative. Le sujet est *printemps*. Il est simple, parce qu'il exprime une idée unique; il est incomplexe, parce qu'il n'est accompagné d'aucun modificatif. L'attribut est *couronné* ( Le verbe est ici pronominal ( Gramm., p. 53 et 161 ). Cet attribut est simple, parce qu'il indique une seule manière d'être du sujet; il est complexe, parce qu'il a pour complément terminatif, *dont*, pour *desquelles* ( fleurs ).

*Qu'il répand*; c'est une proposition incidente déterminative. Le sujet est *il* ( pour *printemps* ). Il est simple, parce qu'il exprime une idée unique; il est incomplexe, parce qu'il n'a point de modificatif. L'attribut est *répandant*. Il est simple, parce qu'il n'indique qu'une manière d'être du sujet; il est complexe, parce qu'il a pour complément objectif, le pronom relatif *que*, qui tient la place de *parfums*.

*Qui naît sous ses pas;* c'est encore une proposition incidente déterminative. Le sujet est *qui* ( pour *verdure* ). Il est simple, parce qu'il énonce une idée unique; il est incomplexe, parce qu'il n'a point de modificatif. L'attribut est *naissant*. Cet attribut est simple, parce qu'il n'exprime qu'une manière d'être du sujet; il est complexe, parce qu'il a pour complément terminatif, *sous ses pas*.

*Puis il chantait les délicieuses nuits de l'été, où les zéphyrs rafraîchissent les hommes, et où la rosée désaltère la terre.*

Cette phrase comprend trois propositions : une principale, et deux incidentes explicatives.

*Puis il chantait les délicieuses nuits de l'été :* voilà une proposition principale. Le sujet est *il*, qui rappelle l'idée d'*Apollon*. Il est simple, parce qu'il indique un être déterminé par une idée unique ; il est incomplexe, parce qu'il n'est accompagné d'aucun modificatif. L'attribut est *chantant*. Il est simple, parce qu'il ne présente à l'esprit qu'une manière d'être du sujet ; il est complexe, parce qu'il a pour complément objectif, *les délicieuses nuits de l'été*, et pour complément circonstanciel, l'adverbe *puis*.

*Où les zéphyrs rafraîchissent les hommes ;* cette proposition est incidente explicative. Le sujet est *zéphyrs*. Il est simple, parce qu'il présente une idée unique ; il est incomplexe, parce qu'il n'a point de modificatif. L'attribut est *rafraîchissant*. Il est simple, parce qu'il n'indique qu'une manière d'être du sujet ; il est complexe, parce qu'il a pour complément objectif, *les hommes*, et pour complément circonstanciel, l'adverbe de temps *où*, pour *pendant lesquelles* (nuits).

*Et où la rosée désaltère la terre ;* c'est encore une proposition incidente explicative. Le sujet est *rosée*. Il est simple, parce qu'il exprime une idée unique ; il est incomplexe, parce qu'il n'a point de modificatif. L'attribut est *désaltérant*. Il est simple, parce qu'il n'énonce qu'une manière d'être du sujet ; il est complexe, parce qu'il a pour complément objectif, *la terre*, et pour complément circonstanciel, l'adverbe de temps *où*, pour *pendant lesquelles* (nuits).

*Il mêlait aussi dans ses chansons les fruits dorés dont l'automne récompense les travaux des labou-*

*reurs, et le repos de l'hiver, pendant lequel la folâtre jeunesse danse auprès du feu.*

Cette phrase est composée de trois propositions, savoir, d'une proposition principale, d'une proposition incidente déterminative, et d'une proposition incidente explicative.

*Il mêlait aussi dans ses chansons les fruits dorés dont,* etc., *et le repos de l'hiver :* voilà la proposition principale. Le sujet est *il,* qui rappelle l'idée d'*Apollon.* Il est simple, parce qu'il offre à l'esprit un être déterminé par une idée unique ; il est incomplexe, parce qu'il n'est accompagné d'aucun modificatif. L'attribut est *mélant.* Il est simple, parce qu'il n'énonce qu'une manière d'être du sujet ; il est complexe parce qu'il a pour complément objectif, *les fruits dorés, et le repos de l'hiver ;* pour complément terminatif, *dans ses chansons,* et pour complément circonstanciel, l'adverbe *aussi,* qui marque addition, quantité.

*Dont l'automne récompense les travaux des laboureurs ;* cette proposition est incidente déterminative. Le sujet est *automne.* Il est simple, parce qu'il offre à l'esprit une idée unique ; il est incomplexe, parce qu'il n'a point de modificatif. L'attribut est *récompensant.* Il est simple, parce qu'il n'exprime qu'une manière d'être du sujet ; il est complexe, parce qu'il a pour complément objectif, *les travaux des laboureurs,* et pour complément terminatif, *dont,* pour *desquels* ( fruits ).

*Pendant lequel la folâtre jeunesse danse auprès du*

*feu ;* cette proposition est incidente explicative. Le sujet est *jeunesse.* Il est simple, parce qu'il n'offre à l'esprit qu'une seule idée ; il est complexe, parce qu'il a pour modificatif, *folâtre.* L'attribut est *dansant.* Il est simple, parce qu'il n'indique qu'une manière d'être du sujet ; il est complexe, parce qu'il a pour complément terminatif, *auprès du feu,* et pour complément circoustanciel, *pendant lequel* ( hiver ).

*Enfin, il représentait les foréts sombres qui couvrent les montagnes, et les creux vallons, où les rivières, par mille détours, semblent se jouer au milieu des riantes prairies.*

Nous trouvons dans cette phrase trois propositions : une principale, une incidente déterminative, et une incidente explicative.

*Enfin, il représentait les foréts sombres, et les creux vallons :* voilà la proposition principale. Le sujet est *il,* qui rappelle l'idée d'*Apollon.* Ce sujet est simple, parce qu'il offre à l'esprit un être déterminé par une idée unique ; il est incomplexe, parce qu'il n'est accompagné d'aucun modificatif. L'attribut est *représentant.* Il est simple, parce qu'il n'indique qu'une manière d'être du sujet ; il est complexe, parce qu'il a pour complément objectif, *les foréts sombres, et les creux vallons.*

*Qui couvrent les montagnes :* voilà une proposition incidente déterminative. Le sujet est *qui* ( pour *foréts* ). Il est simple, parce qu'il exprime une idée unique ; il est incomplexe, parce qu'il n'a point de modificatif. L'attribut est *couvrant.* Il est simple, parce qu'il n'énonce qu'une manière d'être du sujet ; il est complexe, parce qu'il a pour complément objectif, *les montagnes.*

*Où les rivières, par mille détours, semblent se jouer au milieu des riantes prairies ;* cette proposition est incidente explicative. Elle a pour sujet *les rivières.* Ce sujet est simple, parce qu'il ne présente à l'esprit qu'une seule idée ; il est incomplexe, parce qu'il n'a point de modificatif. L'attribut est *semblant se jouer* (34). Cet attribut est simple, parce qu'il n'indique qu'une manière d'être du sujet ; il est complexe, parce qu'il a pour compléments terminatifs, l'adverbe de lieu *où*, et les mots *au milieu des riantes prairies,* et pour complément circonstanciel, *par mille détours.*

*Il apprit ainsi aux bergers quels sont les charmes de la vie champêtre, quand on sait goûter ce que la simple nature a de gracieux.*

Cette phrase comprend quatre propositions : une principale, et trois incidentes déterminatives.

*Il apprit ainsi aux bergers :* voilà la proposition principale. Le sujet est *il*, qui rappelle l'idée d'*Apollon.* Il est simple, parce qu'il présente à l'esprit un être déterminé par une idée unique ; il est incomplexe, parce qu'il n'a point de modificatif. L'attribut est *apprenant.* Il est simple, parce qu'il ne marque qu'une manière d'être du sujet ; et complexe, parce qu'il est déterminé par la proposition, *quels sont les charmes de la vie champêtre,* et qu'il a pour complément indirect, *aux bergers*, et pour complément circonstanciel, l'adverbe de manière *ainsi*.

*Quels sont les charmes de la vie champétre ;* cette proposition est incidente déterminative. Le sujet est *charmes*. Il est simple, parce qu'il exprime une idée unique ; il est complexe, parce qu'il a pour déterminatif, *de la vie champétre*. L'attribut est *quels*, adjectif de quantité indéfinie, qui équivaut ici à *combien grands*. Cet attribut est simple, parce qu'il n'indique qu'une manière d'être du sujet ; et incomplexe, parce qu'il n'est accompagné d'aucun modificatif.

*Quand on sait goûter ce ;* cette proposition est incidente déterminative (54 et 55). Le sujet est *on*. Il est simple, parce qu'il n'indique qu'une seule idée ; il est incomplexe, parce qu'il n'a point de modificatif. L'attribut est *sachant*. Il est simple, parce qu'il ne marque qu'une manière d'être du sujet ; il est complexe, parce qu'il a pour complément objectif, *goûter ce*, etc.

*Que la simple nature a de gracieux ;* cette proposition est encore incidente déterminative. Le sujet est *nature*. Il est simple, parce qu'il offre à l'esprit une idée unique ; il est complexe, parce qu'il est modifié par l'adjectif *simple*. L'attribut est *ayant*. Il est simple, parce qu'il n'indique qu'une manière d'être du sujet ; il est complexe, parce qu'il a pour complément objectif, le pronom relatif *que*, modifié par l'adjectif *gracieux*.

# HUITIEME EXERCICE.

Les bergers, avec leurs flûtes, se virent bientôt plus heureux que les rois ; et leurs cabanes attiraient en foule les plaisirs purs qui fuient les palais dorés. Les jeux, les ris, les grâces, suivaient par-tout les innocentes bergères. Touts les jours étaient des fêtes : on n'entendait que le gazouillement des oiseaux, ou la douce haleine des zéphyrs qui se jouaient dans les rameaux des arbres, ou le murmure d'une onde claire qui tombait de quelque rocher, ou les chansons que les Muses inspiraient aux bergers qui suivaient Apollon. Ce dieu leur enseignait à remporter le prix de la course, et à percer de flèches les daims et les cerfs. Les dieux mêmes devinrent jaloux des bergers : cette vie leur parut plus douce que toute leur gloire, et ils rappelèrent Apollon dans l'Olympe.

## ANALYSE.

*Les bergers, avec leurs flûtes, se virent bientôt plus heureux que les rois ; et leurs cabanes attiraient en foule les plaisirs purs qui fuient les palais dorés.*

Cette phrase contient trois propositions : une principale absolue, une principale relative, et une incidente déterminative.

*Les bergers, avec leurs flûtes, se virent bientôt plus heureux que les rois ;* cette proposition est principale absolue. Le sujet est *bergers.* Ce sujet est simple, parce qu'il présente à l'esprit une idée unique ;

il est complexe, parce qu'il a pour modificatif, *avec leurs flûtes*. L'attribut est *voyant*. Il est simple, parce qu'il ne marque qu'une manière d'être du sujet; il est complexe, parce qu'il a pour complément ob—jectif, *se* ( pour *eux* ) *plus heureux que les rois*, et qu'il est modifié par l'adv. *bientôt*.

*Et leurs cabanes attiraient en foule les plaisirs purs....* Cette proposition est principale relative. Le sujet est *cabanes*. Il est simple, parce qu'il énonce une idée unique; il est complexe, parce que l'adjectif possessif *leurs* le qualifie et le détermine. L'attribut est *attirant*. Il est simple, parce qu'il n'énonce qu'une manière d'être du sujet; il est complexe, parce qu'il a pour complément objectif, *les plaisirs purs*, et pour complément circonstanciel, *en foule*.

*Qui fuient les palais dorés :* voilà une proposition incidente déterminative. Le sujet est *qui* ( pour *plai-sirs* ). Il est simple, parce qu'il n'indique qu'une seule idée; il est incomplexe, parce qu'il n'a point de modificatif. L'attribut est *fuyant*. Il est simple, parce qu'il n'exprime qu'une manière d'être du sujet; il est complexe, parce qu'il a pour complément ob-jectif, *les palais dorés*.

*Les jeux, les ris, les grâces, suivaient par-tout les innocentes bergères ;* cette phrase nous offre une proposition principale. Le sujet est *jeux, ris, grâces*. Ce sujet est composé, parce qu'il comprend plu-sieurs idées auxquelles peut convenir séparément le même attribut; il est incomplexe, parce qu'il n'est accompagné d'aucun modificatif. L'attribut est *sui-*

*vant.* Il est simple, parce qu'il n'exprime qu'une manière d'être du sujet ; il est complexe, parce qu'il a pour complément objectif, *les innocentes bergères,* et pour complément circonstanciel, l'adverbe *par-tout.*

*Touts les jours étaient des fêtes : on n'entendait plus que le gazouillement des oiseaux , ou la douce haleine des zéphyrs qui se jouaient dans les rameaux des arbres, ou le murmure d'une onde claire qui tombait de quelque rocher, ou les chansons que les Muses inspiraient aux bergers qui suivaient Apollon.*

Cette phrase est composée de six propositions, dont une est principale absolue, une principale relative, et quatre sont incidentes déterminatives.

*Touts les jours étaient des fêtes :* voilà une proposition principale absolue. Le sujet est *jours.* Il est simple, parce qu'il indique une idée unique ; il est complexe, parce qu'il est modifié par l'adjectif *touts.* L'attribut est *fêtes.* Il est simple, parce qu'il n'énonce qu'une manière d'être du sujet ; il est incomplexe, parce qu'il n'est accompagné d'aucun modificatif.

*On n'entendait plus que le gazouillement des oiseaux, ou la douce haleine des zéphyrs, ou le murmure d'une onde claire, ou les chansons que,* etc. Cette proposition est principale relative. Le sujet est *on.* Il est simple, parce qu'il n'exprime qu'une seule idée ; il est incomplexe, parce qu'il n'a point de modificatif. L'attribut est *entendant.* Il est simple, parce qu'il n'indique qu'une manière d'être du sujet ; il est complexe, parce qu'il a pour complément objectif, le gazouillement des oiseaux , ou la douce haleine des zéphyrs , ou le murmure d'une onde claire , ou les chansons, etc. ; et pour complément circonstanciel , l'adverbe *ne plus*, qui marque cessation.

*Qui se jouaient dans les rameaux des arbres ;* c'est une proposition incidente déterminative. Le sujet est *qui* ( pour les *zéphyrs* ). Il est simple , parce qu'il énonce une idée unique ; il est incomplexe, parce qu'il n'est accompagné d'aucun modificatif. L'attribut est *se jouant*. Cet attribut est simple , parce qu'il n'exprime qu'une manière d'être du sujet ; il est complexe , parce qu'il a pour complément terminatif, *dans les rameaux des arbres*.

*Qui tombait de quelque rocher ;* cette proposition est incidente déterminative. Le sujet est *qui* ( pour *l'onde* ). Il est simple , parce qu'il ne présente à l'esprit qu'une seule idée : il est incomplexe, parce qu'il n'a point de modificatif. L'attribut est *tombant*. Cet attribut est simple, parce qu'il n'indique qu'une manière d'être du sujet ; il est complexe , parce qu'il a pour complément terminatif, *de quelque rocher*.

*Que les Muses inspiraient aux bergers ;* c'est une proposition incidente déterminative. Le sujet est *Muses*. Il est simple , parce qu'il exprime une idée unique ; il est incomplexe , parce qu'il n'est accompagné d'aucun modificatif. L'attribut est *inspirant*. Il est simple , parce qu'il énonce une seule manière d'être du sujet ; il est complexe , parce qu'il a pour complément direct, le pronom relatif *que*, qui rap-

pelle l'idée de *chansons*, et pour complément indirect, *aux bergers*.

*Qui suivaient Apollon ;* c'est encore une proposition incidente déterminative. Le sujet est *qui* ( pour
*les bergers* ). Il est simple, parce qu'il n'offre à l'esprit qu'une seule idée ; il est incomplexe, parce qu'il
n'a point de modificatif. L'attribut est *suivant*. Il
est simple, parce qu'il n'indique qu'une manière d'être
du sujet ; il est complexe, parce qu'il a pour complément objectif, *Apollon*.

*Ce dieu leur enseignait à remporter le prix de la
course, et à percer de flèches les daims et les cerfs.*
Nous trouvons dans cette phrase une proposition
principale. Le sujet est *dieu*. Il est simple, parce
qu'il offre à l'esprit un être déterminé par une
idée unique ; il est complexe, parce que l'adjectif
démonstratif *ce* le qualifie et le détermine. L'attribut est *enseignant*. Cet attribut est simple, parce
qu'il exprime une seule manière d'être du sujet ; il
est complexe, parce qu'il a pour complément direct
elliptique ( ces choses qui consistent ) *à remporter
le prix de la course, et à percer de flèches les
daims et les cerfs*, et pour complément indirect,
*leur*, pour *à eux* ( bergers ).

*Les dieux mêmes devinrent jaloux des bergers :
cette vie leur parut plus douce que toute leur gloire,
et ils rappelèrent Apollon dans l'Olympe.*

Cette phrase renferme trois propositions : une
principale absolue, et deux principales relatives.

*Les dieux mêmes devinrent jaloux des bergers ;*

c'est une proposition principale absolue. Le sujet est *dieux*. Il est simple , parce qu'il énonce une idée unique ; il est complexe , parce qu'il a pour modificatif l'adjectif *mêmes*. L'attribut est *devenant jaloux* ( 34 ). Cet attribut est simple , parce qu'il n'exprime qu'une manière d'être du sujet ; il est complexe , parce qu'il a pour complément terminatif, *des bergers*.

*Cette vie leur parut plus douce que toute leur gloire ;* cette proposition est principale relative. Le sujet est *vie*. Il est simple , parce qu'il exprime une idée unique ; il est complexe , parce que l'adjectif démonstratif *cette* le qualifie et le détermine. L'attribut est *paraissant douce* ( 34 ). Il est simple , parce qu'il n'exprime qu'une manière d'être du sujet ; il est complexe , parce qu'il a pour complément terminatif, *leur* ( pour *à eux* ), et pour complément circonstanciel , *plus que toute leur gloire.*

*Et ils rappelèrent Apollon dans l'Olympe ;* c'est encore une proposition principale relative. Le sujet est *ils* ( pour *les dieux* ). Il est simple , parce qu'il ne présente à l'esprit qu'une seule idée ; il est incomplexe , parce qu'il n'est accompagné d'aucun modificatif. L'attribut est *rappelant.* Il est simple , parce qu'il n'indique qu'une manière d'être du sujet ; il est complexe , parce qu'il a pour complément objectif *Apollon* , et pour complément terminatif , *dans l'Olympe.*

## NEUVIÈME EXERCICE.

La pantomime est le premier langage de l'homme

4

elle est connue de toutes les nations. Elle est si naturelle et si expressive que les enfants des blancs ne tardent pas à l'apprendre dès qu'ils ont vu ceux des noirs s'y exercer. Virginie, se rappelant, dans le⋅ lectures que lu faisait sa mère, les histoires qui l'avaient le plus touchée, en rendait les principaux événements avec beaucoup de naïveté. Tantôt, au son du tamtam de Domingue, elle se présentait sur la pelouse, portant une cruche sur sa tête. Elle s'avançait avec timidité à la source d'une fontaine voisine pour y puiser de l'eau. Domingue et Marie, représentant les bergers de Madian, lui en défendaient l'approche et feignaient de la repousser.

## ANALYSE.

*La pantomime est le premier langage de l'homme ; elle est connue de toutes les nations.*

Cette phrase contient deux propositions : l'une principale absolue, et l'autre principale relative.

*La pantomime est le premier langage de l'homme ;* cette proposition est principale absolue. Le sujet est *pantomime.* Il est simple, parce qu'il n'offre à l'esprit qu'une seule idée ; il est incomplexe, parce qu'il n'a aucun modificatif. L'attribut est *langage.* Cet attribut est simple, parce qu'il n'exprime qu'une manière d'être du sujet ; il est complexe, parce qu'il est modifié par l'adjectif *premier,* et qu'il a pour déterminatif, *de l'homme.*

*Elle est connue de toutes les nations ;* cette proposition est principale relative. Le sujet est *elle,* qui rappelle l'idée de *pantomime.* Il est simple, parce qu'il exprime une idée unique; il est incomplexe, parce qu'il n'a point de modificatif. L'attribut est *connue*. Il est simple, parce qu'il n'énonce qu'une manière d'être du sujet; il est complexe, parce qu'il a pour complément terminatif, *de toutes les nations*.

*Elle est si naturelle et si expressive que les enfants des blancs ne tardent pas à l'apprendre dès qu'ils ont vu ceux des noirs s'y exercer.*

Cette phrase est composée de trois propositions, savoir, d'une principale, et de deux incidentes déterminatives.

*Elle est si naturelle et si expressive;* cette proposition est principale. Le sujet est *elle*, qui rappelle l'idée de *pantomime*. Il est simple, parce qu'il présente une idée unique; il est incomplexe, parce qu'il n'a point de modificatif. L'attribut est *naturelle et expressive*. Cet attribut est composé, parce qu'il exprime deux manières d'être du sujet; il est complexe, parce qu'il est modifié par l'adverbe de quantité *si*, et qu'il est déterminé par la proposition suivante...

*Que les enfants des blancs ne tardent pas à l'apprendre;* cette proposition est incidente déterminative. Le sujet est *enfants*. Il est simple, parce qu'il n'énonce qu'une seule idée; il est complexe, parce qu'il a pour déterminatif, *des blancs*. L'attribut est *tardant*. Il est simple, parce qu'il n'indique qu'une manière d'être du sujet; il est complexe, parce qu'il a pour complément terminatif, *à l'apprendre (elle, la pantomime)*, et qu'il est encore déterminé par la proposition suivante.

4.

*Dès qu'ils ont vu ceux des noirs s'y exercer : voilà* une proposition incidente déterminative. Le sujet est *ils* (pour *enfants des blancs*). Il est simple, parce qu'il exprime une idée unique ; il est incomplexe, parce qu'il n'a point de modificatif L'attribut est *voyant*. Cet attribut est simple, parce qu'il n'exprime qu'une manière d'être du sujet ; il est complexe, parce qu'il a pour complément objectif *ceux* (les enfants) *des noirs s'y exercer.*

*Virginie, se rappelant, dans les lectures que lui faisait sa mère, les histoires qui l'avaient le plus touchée, en rendait les principaux événements avec beaucoup de naïveté.*

Cette phrase contient trois propositions : une principale. et deux incidentes déterminatives.

*Virginie, se rappelant les histoires... en rendait les principaux événements avec beaucoup de naïveté ;* cette proposition est principale. Le sujet est *Virginie.* Il est simple, parce qu'il offre à l'esprit un être déterminé par une idée unique ; il est complexe, parce qu'il a pour modificatif, *se rappelant les histoires qui,* etc. L'attribut est *rendant.* Il est simple, parce qu'il n'exprime qu'une manière d'être du sujet ; il est complexe, parce qu'il a pour complément direct *les principaux événements en* pour *d'elles* (des histoires), et pour complément circonstanciel, *avec beaucoup de naïveté.*

*Qui l'avaient le plus touchée dans les lectures ;* cette proposition est incidente déterminative. Le sujet est *qui* ( pour *les histoires* ). Il est simp'e, parce qu'il n'indique qu'une seule idée; il est incomplexe, parce qu'il n'est accompagné d'aucun modificatif. L'attribut est *touchant* (36, 37 et 38). Il est simple, parce qu'il n'énonce qu'une man ère d'être du sujet; il est complexe, parce qu'il a pour complément objectif *la* pour *elle* (Virginie); pour complément circonstanciel, l'adverbe *le plus*, qui marque le superlatif; et pour complément terminatif, *dans les lectures.*

*Que lui faisait sa mère :* cette proposition est encore incidente déterminative. Le sujet est *mère.* Il est simple, parce qu'il énonce un être déterminé par une idée unique; il est complexe, parce que l'adjectif possessif *sa* le qualifie et le détermine. L'attribut est *faisant.* Il est simple, parce qu'il n'exprime qu'une manière d'être du sujet; il est complexe, parce qu'il a pour complément objectif le pronom relatif *que* ( pour *lectures* ), et pour compl. term. *lui* pour *à elle.*

*Tantôt, au son du tamtam de Domingue, elle se présentait sur la pelouse, portant une cruche sur sa tête.*

Cette phrase présente une proposition unique principale. Le sujet est *elle*, qui rappelle l'idée de *Virginie.* Il est simple, parce qu'il indique à l'esprit un être déterminé par une seule idée; il est incomplexe, parce qu'il n'a point de modificatif. L'attribut est *présentant.* Il est simple, parce qu'il n'énonce qu'une manière d'être du sujet; il est complexe, parce qu'il a pour complément objectif *se* ( pour *elle* ), *portant une cruche sur sa tête ;* pour complément terminatif, *sur la pelouse,* et pour compléments circonstanciels, *tantôt,* et *au son du tamtam de Domingue.*

*Elle s'avançait avec timidité à la source d'une fontaine voisine pour y puiser de l'eau :* voilà encore une proposition principale unique. Le sujet est *elle* ( pour *Virginie* ). Il est simple, parce qu'il désigne un être déterminé par une seule idée ; il est incomplexe, parce qu'il n'est accompagné d'aucun modificatif. L'attribut est *avançant.* Il est simple, parce qu'il n'indique qu'une manière d'être du sujet ; il est complexe, parce qu'il a pour complément objectif le pronom réfléchi *se* ( pour *elle* ) ; pour complément terminatif, *à la source d'une fontaine voisine pour y puiser de l'eau,* et pour complément circonstanciel, *avec timidité.*

*Domingue et Marie, représentant les bergers de Madian, lui en défendaient l'approche, et feignaient de la repousser.*

Cette phrase renferme deux propositions : une principale absolue, et l'autre principale relative.

*Domingue et Marie, représentant les bergers de Madian, lui en défendaient l'approche ;* cette proposition est principale absolue. Le sujet est *Domingue et Marie.* Il est composé, parce qu'il comprend deux idées auxquelles peut convenir séparément le même attribut ; il est complexe, parce qu'il a pour modificatif, *représentant les bergers de Madian.* L'attribut est *défendant.* Il est simple, parce qu'il n'indique qu'une manière d'être du sujet ; il est complexe, parce qu'il a pour complément direct *l'approche d'elle*, de la fontaine , *en* ), et pour complément indirect, *lui* (pour *à elle* ).

*Et* (ils) *feignaient de la repousser* ; c'est une proposition principale relative. Le sujet est *ils* , censé mis pour représenter *Domingue* et *Marie*. Il est simple, parce qu'il n'exprime qu'une seule idée ( l'idée *d'eux* ) ; il est incomplexe, parce qu'il n'a point de modificatif. L'attribut est *feignant*. Il est simple , parce qu'il n'indique qu'une manière d'être du sujet ; il est complexe, parce qu'il a pour complément terminatif , *de la repousser*.

## DIXIÈME EXERCICE.

Paul accourait à son secours , battait les bergers , remplissait la cruche de Virginie ; et , en la lui posant sur la tête , il lui mettait en même temps une couronne de fleurs rouges de pervenche , qui relevait la blancheur de son teint. Alors, me prêtant à leurs jeux, je me chargeais du personnage de Raguel , et j'accordais à Paul ma fille Séphora en mariage.

Une autre fois, elle représentait l'infortunée Ruth , qui retourne veuve et pauvre dans son pays , où elle se trouve étrangère après une longue absence. Domingue et Marie contrefaisaient les moissonneurs. Virginie feignait de glaner çà et là , sur leurs pas, quelques épis de blé.

## ANALYSE.

*Paul accourait à son secours, battait les bergers,
remplissait la cruche de Virginie ; et, en la lui posant sur la tête, il lui mettait en même temps une
couronne de fleurs rouges de pervenche, qui relevait
la blancheur de son teint.*

Cette phrase est composée de cinq propositions,
savoir, d'une principale absolue, de trois principales
relatives, et d'une incidente explicative.

*Paul accourait à son secours :* voilà une proposition principale absolue. Le sujet est *Paul.* Il est
simple, parce qu'il désigne un être déterminé par
une idée unique; il est incomplexe, parce qu'il n'a
point de modificatif. L'attribut est *accourant.* Il est
simple, parce qu'il n'indique qu'une manière d'être
du sujet; il est complexe, parce qu'il a pour complément terminatif, *à son secours.*

(Il) *battait les bergers ;* cette proposition est principale relative. Le sujet est *il*, censé mis pour rappeler l'idée de *Paul.* Il est simple, parce qu'il exprime un être unique; il est incomplexe, parce qu'il
n'a point de modificatif. L'attribut est *battant.* Il est
simple, parce qu'il ne présente qu'une seule manière
d'être du sujet; il est complexe, parce qu'il a pour
complément objectif *les bergers.*

(Il) *remplissait la cruche de Virginie;* cette proposition est principale relative. Le sujet est *il*, censé
répété pour tenir la place de *Paul.* Il est simple,
parce qu'il indique un être unique; il est incomplexe,

parce qu'il n'a point de modificatif. L'attribut est *remplissant.* Il est simple, parce qu'il n'énonce qu'une manière d'être du sujet; il est complexe, parce qu'il a pour complément objectif *la cruche de Virginie.*

*Et, en la lui posant sur la tête, il lui mettait en même temps une couronne de fleurs rouges de pervenche;* c'est encore ici une proposition principale relative. Le sujet est *il* ( pour *Paul*. Il est simple, parce qu'il énonce un être déterminé par une idée unique; il est incomplexe, parce qu'il n'a point de modificatif. L'attribut est *mettant.* Il est simple, parce qu'il n'exprime qu'une manière d'être du sujet; il est complexe, parce qu'il a pour complément direct *une couronne de fleurs rouges de pervenche;* pour complément indirect, *lui* ( pour *à elle*), et pour compléments circonstanciels, *en la lui posant sur la tête, en même temps.*

*Qui relevait la blancheur de son teint;* c'est une proposition incidente explicative. Le sujet est *qui* (pour *couronne*). Il est simple, parce qu'il exprime une idée unique; il est incomplexe, parce qu'il n'a aucun modificatif. L'attribut est *relevant.* Cet attribut est simple, parce qu'il n'indique qu'une manière d'être du sujet; il est complexe, parce qu'il a pour complément objectif *la blancheur de son teint.*

*Alors, me prêtant à leurs jeux, je me chargeais du personnage de Raguel, et j'accordais à Paul ma fille Séphora en mariage.*

Cete phrase contient deux propositions : une principale absolue, et une principale relative.

4..

*Alors , me prêtant à leurs jeux , je me chargeais du personnage de Raguel ;* c'est la proposition principale absolue. Le sujet est *je.* Il est simple , parce qu'il offre à l'esprit un être déterminé par une idée unique ; il est incomplexe, parce qu'il n'a pas de modificatif. L'attribut est *chargeant.* Il est simple , parce qu'il n'énonce qu'une manière d'être du sujet ; il est complexe , parce qu'il a pour complément objectif *me* (pour *moi*) *me prêtant à leurs jeux ;* pour complément terminatif, *du personnage de Raguel ,* et pour complément circonstanciel , *alors.*

*Et j'accordais à Paul ma fille Séphora en mariage ;* cette proposition est principale relative. Le sujet est *je.* Il est simple , parce qu'il exprime un être unique ; il est incomplexe, parce qu'il n'est accompagné d'aucun modificatif. L'attribut est *accordant.* Il est simple , parce qu'il n'indique qu'une manière d'être du sujet ; il est complexe , parce qu'il a pour complément direct *ma fille Séphora ;* pour complément indirect, *à Paul,* et pour complément circonstanciel, *en mariage.*

*Une autre fois, elle représentait l'infortunée Ruth, qui retourne veuve et pauvre dans son pays , où elle se trouve étrangère après une longue absence.*

Cette phrase nous fournit trois propositions : une principale , et deux incidentes explicatives.

*Une autre fois, elle représentait l'infortunée Ruth :* voilà une proposition principale. Le sujet est *elle* (pour *Virginie*). Il est simple , parce qu'il désigne un être déterminé par une idée unique ; il est incomplexe , parce qu'il n'a aucun modificatif. L'attribut est *représentant*. Il est simple, parce qu'il n'indique qu'une manière d'être du sujet ; il est complexe, parce qu'il a pour complément objectif *l'infortunée Ruth*, et pour complément circonstanciel, *une autre fois*.

*Qui retourne veuve et pauvre dans son pays ;* c'est une proposition incidente explicative. Le sujet est *qui* (pour *Ruth*). Il est simple, parce qu'il exprime un être unique ; il est incomplexe, parce qu'il n'a point de modificatif. L'attribut est *retournant*. Il est simple, parce qu'il n'indique qu'une manière d'être du sujet ; il est complexe, parce qu'il a pour complément terminatif, *dans son pays*, et pour complément circonstanciel, (dans l'état de femme) *veuve et pauvre*.

*Où elle se trouve étrangère après une longue absence ;* c'est encore une proposition incidente explicative. Le sujet est *elle* (pour *Ruth*). Il est simple, parce qu'il ne désigne qu'un seul être ; il est incomplexe, parce qu'il n'est accompagné d'aucun modificatif. L'attribut est *trouvant*. Cet attribut est simple, parce qu'il ne présente qu'une manière d'être du sujet ; il est complexe, parce qu'il a pour complément objectif *se* (pour *elle*, *étrangère*) ; pour complément terminatif, *où* (*dans ce pays*), et pour complément circonstanciel, *après une longue absence*.

*Domingue et Marie contrefaisaient les moissonneurs ;* cette proposition est principale. Le sujet est *Domingue et Marie*. Il est composé, parce qu'il comprend deux idées auxquelles peut convenir séparément le même attribut. L'attribut est *contre-*

*faisant.* Il est simple, parce qu'il n'offre à l'esprit qu'une manière d'être du sujet; il est complexe, parce qu'il a pour complément objectif *les moissonneurs.*

*Virginie feignait de glaner çà et là, sur leurs pas, quelques épis de blé ;* c'est une proposition principale. Le sujet est *Virginie.* Il est simple, parce qu'il désigne un être déterminé par une idée unique; il est incomplexe, parce qu'il n'a point de modificatif. L'attribut est *feignant.* Cet attribut est simple, parce qu'il n'indique qu'une manière d'être du sujet; il est complexe, parce qu'il a pour complément terminatif, *de glaner çà et là, sur leurs pas, quelques épis de blé.*

## ONZIÈME EXERCICE.

Paul, imitant la gravité d'un patriarche, l'interrogeait ; elle répondait en tremblant à ses questions. Bientôt, ému de pitié, il accordait un asile à l'innocence, et l'hospitalité à l'infortune. Il remplissait le tablier de Virginie de toutes sortes de provisions, et l'amenait devant nous, comme devant les anciens de la ville, en déclarant qu'il la prenait en mariage malgré son indigence.

Ces drames étaient rendus avec tant de vérité qu'on se croyait transporté dans les champs de la Syrie ou de la Palestine. La nuit nous surprenait bien souvent dans ces fêtes champêtres. Mais il y avait dans l'année des jours qui étaient, pour Paul et Virginie, des jours de plus grande réjouissance, c'étaient les fêtes de leurs mères.

# ANALYSE.

*Paul, imitant la gravité d'un patriarche, l'interrogeait ; elle répondait en tremblant à ses questions.*

Cette phrase renferme deux propositions : l'une principale absolue et l'autre principale relative.

*Paul, imitant la gravité d'un patriarche, l'interrogeait ;* c'est la proposition principale absolue. Le sujet est *Paul.* Il est simple, parce qu'il nous présente un être déterminé par une idée unique ; il est complexe, parce qu'il a pour modificatif, *imitant la gravité d'un patriarche.* L'attribut est *interrogeant.* Il est simple, parce qu'il n'indique qu'une manière d'être du sujet, il est complexe, parce qu'il a pour complément objectif *la,* pour *elle* (Virginie).

*Elle répondait en tremblant à ses questions ;* cette proposition est principale relative. Le sujet est *elle,* qui rappelle l'idée de *Virginie.* Il est simple, parce qu'il présente à l'esprit un être déterminé par une idée unique ; il est incomplexe, parce qu'il n'est accompagné d'aucun modificatif. L'attribut est *répondant.* Il est simple, parce qu'il n'énonce qu'une manière d'être du sujet ; il est complexe, parce qu'il a pour complément terminatif, *à ses questions,* et pour complément circonstanciel, *en tremblant.*

*Bientôt, ému de pitié, il accordait un asile à l'innocence, et l'hospitalité à l'infortune ;* cette phrase nous présente une proposition principale. Le sujet est *il* (pour *Paul*). Il est simple, parce qu'il exprime un être déterminé par une idée unique ; il est complexe, parce qu'il a pour modificatif, *ému de pitié*. L'attribut est *accordant*. Il est simple, parce qu'il n'énonce qu'une manière d'être du sujet; il est complexe, parce qu'il a pour compléments directs *un asile* et *l'hospitalité*; pour compléments indirects, *à l'innocence*, *à l'infortune*; et pour complément circonstanciel, l'adverbe *bientôt*.

*Il remplissait le tablier de Virginie de toutes sortes de provisions, et l'amenait devant nous, comme devant les anciens de la ville, en déclarant qu'il la prenait en mariage malgré son indigence.*

Cette phrase contient trois propositions : une principale absolue; une principale relative, et une incidente déterminative.

*Il remplissait le tablier de Virginie de toutes sortes de provisions;* c'est une proposition principale absolue. Le sujet est *il*, qui rappelle l'idée de *Paul*. Il est simple, parce qu'il désigne un être déterminé par une idée unique; il est incomplexe, parce qu'il n'est accompagné d'aucun modificatif. L'attribut est *remplissant*. Il est simple, parce qu'il n'exprime qu'une manière d'être du sujet; il est complexe, parce qu'il a pour complément objectif *le tablier de Virginie*, et pour complément terminatif, *de toutes sortes de provisions*.

*Et* (il) *l'amenait devant nous, comme devant les anciens de la ville, en déclarant....* Cette proposition est principale relative. Le sujet *il*, est censé mis pour tenir la place de *Paul*. Il est simple, parce qu'il désigne un seul être; il est incomplexe, parce qu'il n'a aucun modificatif. L'attribut est *amenant.* Il est simple, parce qu'il n'énonce qu'une manière d'être du sujet; il est complexe, parce qu'il a pour complément objectif *la,* pour *elle* (Virginie); pour complément terminatif, *devant nous, comme devant les anciens de la ville,* et pour complément circonstanciel, *en déclarant...*

*Qu'il la prenne en mariage malgré son indigence :* voilà une proposition incidente déterminative. Le sujet est *il* (pour *Paul*). Il est simple, parce qu'il désigne un être déterminé par une idée unique; il est incomplexe, parce qu'il n'a point de modificatif. L'attribut est *prenant.* Il est simple, parce qu'il n'exprime qu'une manière d'être du sujet; il est complexe, parce qu'il a pour complément objectif *la,* pour *elle* (Virginie); pour complément terminatif, *en mariage,* et pour complément circonstanciel, *malgré son indigence.*

*Ces drames étaient rendus avec tant de vérité qu'on se croyait transporté dans les champs de la Syrie ou de la Palestine.*

Cette phrase renferme deux propositions : une principale, et une incidente déterminative.

*Ces drames étaient rendus avec tant de vérité;* c'est la proposition principale. Le sujet est *drames.* Il est simple, parce qu'il exprime une idée unique; il est complexe, parce que l'adjectif démonstratif *ces* le qualifie et le détermine. L'attribut est *rendus.* Il est simple, parce qu'il n'indique qu'une manière d'être du sujet; il est complexe, parce qu'il a pour complément circonstanciel, *avec tant de vérité que,* etc.

*Qu'on se croyait transporté dans les champs de la Syrie ou de la Palestine ;* cette proposition est incidente déterminative. Le sujet est *on.* Il est simple, parce qu'il exprime une idée unique ; il est incomplexe, parce qu'il n'a point de modificatif. L'attribut est *croyant.* Il est simple, parce qu'il ne désigne qu'une manière d'être du sujet ; il est complexe, parce qu'il a pour complément objectif *se* ( pour *soi* ) *transporté dans les champs de la Syrie ou de la Palestine.*

*La nuit nous surprenait bien souvent dans ces fêtes champêtres ;* cette proposition est principale. Le sujet est *nuit.* Il est simple, parce qu'il n'énonce qu'une seule idée ; il est incomplexe, parce qu'il n'est accompagné d'aucun modificatif. L'attribut est *surprenant.* Il est simple, parce qu'il n'exprime qu'une manière d'être du sujet ; il est complexe, parce qu'il a pour complément objectif *nous ;* pour complément terminatif, *dans ces fêtes champêtres ;* et pour complément circonstanciel, *bien souvent.*

*Mais il y avait dans l'année des jours qui étaient, pour Paul et Virginie, des jours de plus grande réjouissance ; c'étaient les fêtes de leurs mères.*

Cette phrase se décompose en trois propositions : une principale absolue, une incidente déterminative, et une principale relative.

*Mais il y avait dans l'année des jours...* Cette proposition est principale absolue. Nous la ramenons à celle-ci : *des jours étaient dans l'année.* Le sujet est *jours.* Il est simple, parce qu'il n'exprime qu'une seule idée ; il est complexe, parce qu'il a pour déterminatif, *qui étaient, pour Paul et Virginie, des jours,* etc. L'attribut est *exi tant*. Il est simple, parce qu'il n'énonce qu'une manière d'être du sujet; il est complexe, parce qu'il a pour complément terminatif, *dans l'année*.

*Qui étaient, pour Paul et Virginie, des jours de plus grande réjouissance :* voilà une proposition incidente déterminative. Le sujet est *qui* (pour *jours*). Il est simple, parce qu'il n'exprime qu'une idée; il est incomplexe, parce qu'il n'a point de modificatif. L'attribut est *des jours*. Il est simple, parce qu'il ne présente à l'esprit qu'une manière d'être du sujet; il est complexe, parce qu'il a pour déterminatif, *de plus grande réjouissance*.

*C'étaient les fêtes de leurs mères*; cette proposition est principale relative. Nous la ramenons à celle-ci : *ce* (ceci, savoir, *ces jours*) *étaient les fêtes de leurs mères*. Le sujet est *ce* pour *jours*. Il est simple, parce qu'il énonce une idée unique; il est incomplexe, parce qu'il n'a aucun modificatif. L'attribut est *fêtes*. Il est simple, parce qu'il n'exprime qu'une manière d'être du sujet; il est complexe, parce qu'il a pour déterminatif, *de leurs mères*.

## DOUZIÈME EXERCICE.

Vous avez à peindre un vaisseau battu par la tempête, et sur le point de faire naufrage. D'abord ce tableau ne se présente à votre pensée que dans un lointain qui l'efface; mais voulez-vous qu'il vous soit plus présent? Parcourez des yeux de l'esprit les parties qui le composent : dans l'air, dans les eaux, dans

le vaisseau même, voyez ce qui doit se passer. Dans
l'air, des vents mutinés qui se combattent, des nuages
qui éclipsent le jour, qui se choquent, qui se confondent, et qui de leurs flancs sillonnés d'éclairs vomissent la foudre avec un bruit horrible.

## ANALYSE.

*Vous avez à peindre un vaisseau battu par la tem-
pête, et sur le point de faire naufrage.*

Cette phrase nous présente une proposition principale. Le sujet est *vous*. Il est simple, parce qu'il
indique un être déterminé par une idée unique;
il est incomplexe, parce qu'il n'a aucun modificatif.
L'attribut est *ayant*. Il est simple, parce qu'il n'exprime qu'une manière d'être du sujet; il est complexe, parce qu'il a pour complément objectif non
énoncé, *ceci, ce travail qui consiste*, et pour complément terminatif, *à peindre un vaisseau battu par
la tempête, et sur le point de faire naufrage.*

*D'abord ce tableau ne se présente à votre pensée
que dans un lointain qui l'efface; mais voulez-vous
qu'il vous soit plus présent?*

Cette phrase comprend quatre propositions : une
principale absolue, une principale relative, et deux
incidentes déterminatives.

*D'abord ce tableau ne se présente à votre pensée
que dans un lointain...* Voilà une proposition principale absolue. Le sujet est *tableau*. Il est simple, parce
qu'il ne présente à l'esprit qu'une seule idée; il est
complexe, parce que l'adjectif démonstratif *ce* le

qualifie et le détermine. L'attribut est *présenté* ( Le verbe est ici *pronominal*, Gramm. p. 33 et 161 ). Cet attribut est simple , parce qu'il n'indique qu'une manière d'être du sujet; il est complexe, parce qu'il a pour complément terminatif, *à votre pensée , dans un lointain ;* et pour complément circonstanciel, *d'abord.*

*Qui l'efface ;* cette proposition est incidente déterminative. Le sujet est *qui* ( pour *lointain* ). Il est simple , parce qu'il énonce une idée unique; il est incomplexe, parce qu'il n'a point de modificatif. L'attribut est *effaçant.* Cet attribut est simple, parce qu'il ne désigne qu'une manière d'être du sujet ; il est complexe, parce qu'il a pour complément objectif le pronom *le,* qui se rapporte à *tableau.*

*Mais voulez-vous...* Cette proposition est principale relative. Le sujet est *vous.* Il est simple , parce qu'il exprime un être déterminé par une idée unique; il est incomplexe, parce qu'il n'est accompagné d'aucun modificatif. L'attribut est *voulant.* Il est simple, parce qu'il n'indique qu'une manière d'être du sujet; il est complexe, parce qu'il a pour déterminatif, *qu'il vous soit plus présent.*

*Qu'il vous soit plus présent....* C'est une proposition incidente déterminative. Le sujet est *il,* qui rappelle l'idée de *tableau.* Il est simple, parce qu'il ne présente qu'une seule idée; il est incomplexe, parce qu'il n'a point de modificatif. L'attribut est *présent.* Il est simple, parce qu'il n'indique qu'une manière d'être du sujet ; il est complexe, parce qu'il est modifié

par l'adverbe *plus*, et qu'il a pour compléme t er-
minatif, *vous* ( our *à vous*).

*Parcourez des yeux de l'esprit les parties qui le
composent : dans l'air, dans les eaux , dans le vaisseau même, voyez ce qui doit se passer.*

Nous trouvons dans cette phrase quatre propositions : une principale absolue, une principale relative, et deux incidentes déterminatives.

*Parcourez des yeux de l'esprit les parties* ; c'est
la proposition principale absolue. Le sujet est *vous*
( *vous*, soyez parcourant ). Ce sujet est simple,
parce qu'il présente un être déterminé par une idée
unique ; il est incomplexe, parce qu'il n'a point de
modificatif. L'attribut est *parcouran*. Il est simple,
parce qu'il n'indique qu'une maniè e d'être du sujet ;
il est complexe, parce qu'il a pour complément objectif *les parties*, et pour complément terminatif,
*des yeux de l'esprit.*

*Qui le composent :* voilà une proposition incidente
déterminative. Le sujet est *qui* ( p ur *parties* ). Il est
simple . parce qu'il exprime une idée unique : il est
incomplexe , parce qu'il n'est accompagné d' ucun
mo ificatif. L'attribut est *composant*. Il est simple,
parce qu'il n'indique qu'une manière d'être du sujet ;
il est complexe , parce qu'il a pour complément objectif le pronom *le* , qui se rapporte à *tableau*.

*Dans l'air, dans les eaux, dans le vaisseau
même, voyez ce...* Cette proposition est principale
relative. Le sujet est *vous* ( vous, soyez voyant ). Il
est simple, parce qu'il désigne un être déterminé par
une idée unique ; il est incomplexe, parce qu'il n'a

point de modificatif. L'attribut est *voyant*. Il est simple parce qu'il n'énonce qu'une manière d'être du sujet; il est complexe, parce qu'il a pour complément objectif le pronom démonstratif *ce*, et pour complément terminatif, *dans l'air, dans les eaux, dans le vaisseau même.*

*Qui doit se passer;* c'est une proposition incidente déterminative. Le sujet est *qui* ( pour *ce*). Il est simple, parce qu'il ne présente à l'esprit qu'une seule idée; il est incomplexe, parce qu'il n'a point de modificatif. L'attribut est *devant*. Cet attribut est simple, parce qu'il n'exprime qu'une manière d'être du sujet, il est complexe, parce qu'il a pour complément objectif, *se passer.*

*Dans l'air, des vents mutinés qui se combattent; des nuages qui éclipsent le jour, qui se choquent, qui se confondent, et qui de leurs flancs sillonnés d'éclairs vomissent la foudre avec un bruit horrible.*

Cette phrase renferme six propositions : une principale, et cinq incidentes déterminatives.

*Dans l'air,* (voyez) *des vents mutinés, des nuages :* voilà une proposition principale absolue. Le sujet est *vous* ( vous, soyez voyant ). Il est simple, parce qu'il présente à l'esprit un être déterminé par une idée unique; il est incomplexe, parce qu'il n'a point de modificatif. L'attribut est *voyant*. Il est simple, parce qu'il n'indique qu'une manière d'être du sujet; il est complexe, parce qu'il a pour complément objectif, *des vents mutinés, des nuages ;* et pour complément terminatif, *dans l'air.*

*Qui se combattent ;* c'est une proposition incidente déterminative. Le sujet est *qui* (pour *les vents*). Il est simple, parce qu'il exprime une idée unique ; il est incomplexe, parce qu'il n'a point de modificatif. L'attribut est *combattant.* Il est simple, parce qu'il n'indique qu'une manière d'être du sujet ; il est complexe, parce qu'il a pour complément objectif *se.*

*Qui éclipsent le jour ;* cette proposition est incidente déterminative. Le sujet est *qui* ( pour *les nuages* ). Il est simple, parce qu'il énonce une idée unique ; il est incomplexe, parce qu'il n'a point de modificatif. L'attribut est *éclipsant.* Il est simple, parce qu'il ne présente qu'une manière d'être du sujet ; il est complexe, parce qu'il a pour complément objectif *le jour.*

*Qui se choquent ;* c'est une proposition incidente déterminative. Le sujet est *qui* ( pour *les nuages* ). Il est simple, parce qu'il n'énonce qu'une seule idée ; il est incomplexe, parce qu'il n'a point de modificatif. L'attribut est *choquant.* Il est simple, parce qu'il n'exprime qu'une manière d'être du sujet ; il est complexe, parce qu'il a pour complément objectif *se.*

*Qui se confondent ;* cette proposition est incidente déterminative. Le sujet est *qui* ( pour *les nuages* ). Il est simple, parce qu'il exprime une idée unique ; il est incomplexe, parce qu'il n'a aucun modificatif. L'attribut est *confondant.* Il est simple, parce qu'il n'énonce qu'une manière d'être du sujet ; il est complexe, parce qu'il a pour complément objectif *se.*

*Et qui de leurs flancs sillonnés d'éclairs vomissent*

*la foudre avec un bruit horrible*; cette proposition est encore incidente déterminative. Le sujet est *qui* ( pour *les nuages*). Il est simple, parce qu'il ne présente qu'une seule idée; il est incomplexe, parce qu'il n'a point de modificatif. L'attribut est *vomissant*. Il est simple, parce qu'il n'énonce qu'une manière d'être du sujet; il est complexe, parce qu'il a pour complément objectif *la foudre*; pour complément terminatif, *de leurs flancs sillonnés d'éclairs*, et pour complément circonstanciel, *avec un bruit horrible.*

## TREIZIÈME EXERCICE.

Dans les eaux, (*voyez*) les vagues écumantes qui s'élèvent jusqu'aux nues, des lames polies comme des glaces qui réfléchissent les feux du ciel, des montagnes d'eau suspendues sur les abymes où le vaisseau paraît s'engloutir, et d'où il s'élance sur la cime des flots. Vers la terre, des rochers aigus où la mer va se briser en mugissant, et qui présentent aux yeux des nochers les débris récents d'un naufrage, augure effrayant de leur sort. Dans le vaisseau, les antennes qui fléchissent sous l'effort des voiles, les mâts qui crient et se rompent, les flancs mêmes du vaisseau qui gémissent, battus par les vagues; et menacent de s'entr'ouvrir; un pilote éperdu dont l'art épuisé succombe, et fait place au désespoir; des matelots accablés d'un travail inutile, et qui, suspendus aux cordages, demandent au ciel, avec des cris lamentables, de seconder leurs derniers efforts; un héros qui les encourage, et qui tâche de leur inspirer la confiance qu'il n'a plus.

## ANALYSE.

*Dans les eaux , les vagues écumantes qui s'élèvent jusqu'aux nues , des lames polies comme des glaces qui réfléchissent les feux du ciel , des montagnes d'eau suspendues sur les abymes où le vaisseau paraît s'engloutir , et d'où il s'élance sur la cime des flots.*

Cette phrase renferme cinq propositions : une principale, et quatre incidentes déterminatives.

*Dans les eaux* , ( voyez ) *les vagues écumantes , des lames polies comme des glaces , des montagnes d'eau* , etc. Voilà une proposition principale. Le sujet est *vous* ( vous , soyez voyant ). Il est simple , parce qu'il désigne un être déterminé par une idée unique ; il est incomplexe , parce qu'il n'a point de modificatif. L'attribut est *voyant*. Il est simple , parce qu'il n'indique qu'une manière d'être du sujet ; il est complexe , parce qu'il a pour complément objectif, *les vagues écumantes , des lames polies comme des glaces , des montagnes d'eau* , etc., et pour complément terminatif, *dans les eaux.*

*Qui s'élèvent jusqu'aux nues ;* cette proposition est incidente déterminative. Le sujet est *qui* ( pour *les vagues* ). Il est simple , parce qu'il énonce une idée unique ; il est incomplexe , parce qu'il n'a point de modificatif. L'attribut est *élevant.* Il est simple , parce qu'il ne présente qu'une manière d'être du sujet ; il est complexe, parce qu'il a pour complément objectif *se*, et pour complément terminatif, *jusqu'aux nues.* ( Le verbe *s'élever* peut aussi être regardé ici plus justement comme pronominal. )

*Qui réfléchissent les feux du ciel :* voilà une pro-position incidente déterminative. Le sujet est *qui* ( pour *des glaces* ). Il est simple, parce qu'il exprime une idée unique ; il est incomplexe, parce qu'il n'a aucun modificatif. L'attribut est *réfléchissant.* Il est simple, parce qu'il n'offre à l'esprit qu'une manière d'être du sujet ; il est complexe, parce qu'il a pour complément objectif *les feux du ciel.*

*Où le vaisseau paraît s'engloutir ;* cette proposition est incidente déterminative. Le sujet est *vaisseau.* Il est simple, parce qu'il ne présente qu'une seule idée ; il est incomplexe, parce qu'il n'est accompagné d'aucun modificatif. L'attribut est *paraissant s'engloutir* (34). Cet attribut est simple, parce qu'il n'indique qu'une manière d'être du sujet ; il est complexe, parce qu'il a pour complément terminatif l'adverbe *où.*

*Et d'où il s'élance sur la cime des flots :* voilà encore une proposition incidente déterminative. Le sujet est *il,* qui rappelle l'idée de *vaisseau.* Il est simple, parce qu'il présente une idée unique ; il est incomplexe, parce qu'il n'a point de modificatif. L'attribut est *élançant.* Il est simple, parce qu'il n'exprime qu'une manière d'être du sujet ; il est complexe, parce qu'il a pour complément objectif le pronom *se,* et pour compléments terminatifs, *d'où,* et *sur la cime des flots.*

*Vers la terre, des rochers aigus où la mer va se briser en mugissant, et qui présentent aux yeux de* nochers les débris récents d'un naufrage, augure effrayant de leur sort.

Cette phrase est composée de trois propositions, savoir, d'une principale, et de deux incidentes déterminatives.

*Vers la terre*, (voyez), *des rochers aigus*... Cette proposition est principale. Le sujet est *vous* ( vous, soyez voyant ). Il est simple, parce qu'il désigne un être déterminé par une idée unique ; il est incomplexe, parce qu'il n'a point de modificatif. L'attribut est *voyant*. Il est simple, parce qu'il n'exprime qu'une manière d'être du sujet ; il est complexe, parce qu'il a pour complément objectif, *des rochers aigus*, et pour complément terminatif, *vers la terre*.

*Où la mer va se briser en mugissant ;* cette proposition est incidente déterminative. Le sujet est *mer*. Il est simple, parce qu'il présente une idée unique ; il est incomplexe, parce qu'il n'est accompagné d'aucun modificatif. L'attribut est *allant*. Il est simple, parce qu'il n'indique qu'une manière d'être du sujet ; il est complexe, parce qu'il a pour premier complément terminatif, (à cet état) *se briser en mugissant*, et pour second complément terminatif, l'adverbe *où*.

*Et qui présentent aux yeux des nochers les débris récents d'un naufrage, augure effrayant de leur sort ;* c'est encore une proposition incidente déterminative. Le sujet est *qui* (pour *rochers aigus*). Il est simple, parce qu'il n'offre qu'une seule idée ; il est incomplexe, parce qu'il n'a point de modificatif. L'attribut est *présentant*. Il est simple, parce qu'il n'indique qu'une manière d'être du sujet ; il est complexe, parce qu'il a pour complément direct *les débris récents d'un naufrage*, auguré effrayant de leur sort, et pour complément indirect, *aux yeux des nochers.*

*Dans le vaisseau, les antennes qui fléchissent sous l'effort des voiles, les mâts qui crient et se rompent, les flancs mêmes du vaisseau qui gémissent, battus par les vagues, et menacent de s'entr'ouvrir ; un pilote éperdu, dont l'art épuisé succombe, et fait place au désespoir ; des matelots accablés d'un travail inutile, et qui, suspendus aux cordages, demandent au ciel, avec des cris lamentables, de seconder leurs derniers efforts ; un héros qui les encourage, et qui tâche de leur inspirer la confiance qu'il n'a plus.*

Cette phrase nous présente douze propositions : une principale, et onze incidentes déterminatives.

*Dans le vaisseau,* (voyez) *les antennes, les mâts, les flancs mêmes du vaisseau, un pilote éperdu, des matelots accablés d'un travail inutile, un héros, etc.* Voilà une proposition principale. Le sujet est *vous* (vous, soyez voyant). Il est simple, parce qu'il désigne un être déterminé par une idée unique ; il est incomplexe, parce qu'il n'a point de modificatif. L'attribut est *voyant.* Il est simple, parce qu'il n'offre à l'esprit qu'une manière d'être du sujet ; il est complexe, parce qu'il a pour complément objectif, *les antennes, les mâts, les flancs mêmes du vaisseau un pilote éperdu, des matelots, etc., un héros, etc.* et pour complément terminatif, *dans le vaisseau.*

*Qui fléchissent sous l'effort des voiles ;* c'est une

proposition incidente déterminative. Le sujet est *qui* (pour *antennes*). Il est simple, parce qu'il n'exprime qu'une seule idée ; il est incomplexe, parce qu'il n'a point de modificatif. L'attribut est *fléchissant*. Il est simple, parce qu'il n'indique qu'une manière d'être du sujet ; il est complexe, parce qu'il a pour complément terminatif, *sous l'effort des voiles*.

*Qui crient;* cette proposition est incidente déterminative. Le sujet est *qui* (pour *mâts*). Il est simple, parce qu'il n'offre à l'esprit qu'une seule idée ; il est incomplexe, parce qu'il n'a point de modificatif. L'attribut est *criant*. Il est simple, parce qu'il n'indique qu'une manière d'être du sujet ; il est incomplexe, parce qu'il n'est accompagné d'aucun modificatif.

*Et* (qui) *se rompent;* cette proposition, suite de la précédente, est encore incidente déterminative. Le sujet est *qui* (pour *mâts*, censé répété). Il est simple, parce qu'il n'énonce qu'une seule idée ; il est incomplexe, parce qu'il n'a point de modificatif. L'attribut est *rompus* (Gramm. page 33). Il est simple, parce qu'il n'indique qu'une manière d'être du sujet ; il est incomplexe, parce qu'il n'a point de modificatif.

*Qui gémissent, battus par les vagues;* c'est une proposition incidente déterminative. Le sujet est *qui* (pour *les flancs du vaisseau*). Il est simple, parce qu'il énonce une idée unique ; il est incomplexe, parce qu'il n'a point de modificatif. L'attribut est *gémissant*. Il est simple, parce qu'il n'exprime qu'une manière d'être du sujet ; il est complexe, parce qu'il

a pour complément terminatif, ( dans cet état de
étant ) *battu par les vagues.*

*Et* (qui) *menacent de s'entr'ouvrir;* cette proposition, suite de la précédente, est pareillement incidente déterminative Le sujet est *qui,* censé répété
(pour *les flancs du vaisseau*). Il est simple, parce
qu'il n'énonce qu'une seule idée; il est incomplexe,
parce qu'il n'a point de modificatif. L'attribut est *me-
naçant.* Il est simple, parce qu'il n'offre à l'esprit
qu'une manière d'être du sujet; il est complexe, parce
qu'il a pour complément terminatif, *de s'entr'ouvrir.*

*Dont l'art épuisé succombe;* cette proposition est
incidente déterminative. Le sujet est *art.* Il est simple,
parce qu'il n'indique qu'une seule idée; il est complexe, parce qu'il a pour modificatif le participe adjectif *épuisé,* et pour déterminatif, *dont* (duquel). L'attribut est *succombant.* Il est simple, parce qu'il n'énonce
qu'une manière d'être du sujet; il est incomplexe;
parce qu'il n'est accompagné d'aucun modificatif.

*Et fait place au désespoir;* cette proposition,
suite de la précédente, est aussi incidente déterminative. Le sujet est *il* pour *l'art.* Il est simple, parce
qu'il ne nous présente qu'une seule idée; il est incomplexe, parce qu'il n'a point de modificatif. L'attribut est *faisant place* (Gramm. pag. 118, 3°). Cet
attribut est simple, parce qu'il n'indique qu'une manière d'être du sujet, il est complexe, parce qu'il a
pour complément terminatif, *au désespoir.*

*Et qui, suspendus aux cordages, demandent au
ciel, avec des cris lamentables, de seconder leurs der-*

BIBLIOTHÈQUE ROYALE

niers *efforts;* cette proposition est incidente déterminative  Le sujet est *qui* (pour *matelots.* ) Il est simple, parce qu'il exprime une idée unique ; il est complexe, parce qu'il a pour modificatif *suspendus aux cordages.* L'attribut est *demandant.* Il est simple, parce qu'il n'offre à l'esprit qu'une manière d'être du sujet ; il est complexe, parce qu'il a pour complément objectif, (ceci, cette grâce) *de seconder leurs derniers efforts;* pour complément terminatif, *au ciel,* et pour complément circonstanciel, *avec des cris lamentables.*

*Qui les encourage;* voilà une proposition incidente déterminative. Le sujet est *qui* (pour *héros*). Il est simple, parce qu'il désigne un être déterminé par une idée unique ; il est incomplexe, parce qu'il n'est accompagné d'aucun modificatif. L'attribut est *encourageant.* Il est simple, parce qu'il ne présente qu'une manière d'être du sujet ; il est complexe, parce qu'il a pour complément objectif le pronom relatif *les,* qui rappelle l'idée de *matelots.*

*Et qui tâche de leur inspirer la confiance;* cette proposition, suite de la précédente, est encore incidente déterminative. Le sujet est *qui* (pour *héros*) Il est simple, parce qu'il présente à l'esprit un être déterminé par une idée unique, il est incomplexe, parce qu'il n'est accompagné d'aucun modificatif. L'attribut est *tâchant.* Il est simple, parce qu'il n'exprime qu'une manière d'être du sujet ; il est complexe, parce qu'il a pour complément terminatif, *de leur inspirer la confiance.*

*Qu'il n'a plus;* cette dernière proposition est encore incidente déterminative. Le sujet est *il* ( pour *héros* ). Il est simple, parce qu'il indique un être déterminé par une idée unique; il est incomplexe, parce qu'il n'a point de modificatif. L'attribut est *ayant.* Il est simple, parce qu'il ne présente qu'une manière d'être du sujet; il est complexe, parce qu'il a pour complément objectif le pronom relatif *que* (pour *confiance*), et pour complément circonstanciel, l'adverbe *ne plus*, qui marque cessation.

## QUATORZIÈME EXERCICE.

Voulez-vous rendre ce tableau plus touchant et plus terrible encore ? Supposez dans le vaisseau un père avec son fils unique, des époux qui s'adorent, qui s'embrassent, qui se disent : *nous allons périr.* Il dépend de vous de faire de ce vaisseau le théâtre des passions, et de mouvoir avec cette machine touts les ressorts les plus puissants de la terreur et de la pitié. Il suffit pour cela de réfléchir aux circonstances d'une tempête. Il en est de même de touts les tableaux dont les objets tombent sous les sens : plus on y réfléchit, plus ils se développent.

## ANALYSE.

*Voulez-vous rendre ce tableau plus touchant et plus terrible encore ?*

Cette phrase renferme une proposition principale. Le sujet est *vous.* Il est simple, parce qu'il exprime un être déterminé par une idée unique ; il est incomplexe, parce qu'il n'a point de modificatif. L'attribut est *voulant*. Il est simple, parce qu'il n'énonce qu'une manière d'ê re du sujet ; il est complexe, parce qu'il a pour complément objectif *rendre ce tableau plus touchant et plus terrible encore.*

*Supposez dans le vaisseau un père avec son fils unique, des époux qui s'adorent, qui s'embrassent, qui se disent :* nous allons périr.

Cette phrase est composée de cinq propositions, savoir, d'une principale, et de quatre incidentes déterminatives.

*Supposez dans le vaisseau un père avec son fils unique, des époux....* Voilà une proposition principale. Le sujet est *vous* (vous, soyez supposant ). Ce sujet est simple, parce qu'il présente à l'esprit un être déterminé par une idée unique ; il est incomplexe parce qu'il n'a point de modificatif. L'attribut est *supposant*. Il est simple, parce qu'il n'indique qu'une manière d'être du sujet ; il est complexe, parce qu'il a pour complément objectif *un père avec son fils unique, des époux qui*, etc., et pour complément terminatif, *dans le vaisseau.*

*Qui s'adorent ;* cette proposition est incidente déterminative. Le sujet est *qui* (pour *époux*). Il est simple, parce qu'il n'exprime qu'une seule idée ; il est incomplexe, parce qu'il n'a point de modificatif. L'attribut est *adorant*. Il est simple, parce qu'il ne marque qu'une manière d'être du sujet ; il est complexe, parce qu'il a pour complément objectif le pronom *se.*

*Qui s'embrassent ;* cette proposition, suite de la

précédente, est incidente déterminative. Le sujet est *qui* ( pour *époux*). Il est simple, parce qu'il présente une idée unique ; il est incomplexe, parce qu'il n'est accompagné d'aucun modificatif. L'attribut est *embrassant*. Il est simple, parce qu'il n'énonce qu'une manière d'être du sujet ; il est complexe, parce qu'il a pour complément objectif le pronom *se*.

*Qui se disent ;* cette proposition, suite des deux précédentes, est aussi incidente déterminative. Le sujet est *qui* ( pour *époux*). Il est simple, parce qu'il n'indique qu'une seule idée ; il est incomplexe, parce qu'il n'a aucun modificatif. L'attribut est *disant*. Il est simple, parce qu'il ne présente à l'esprit qu'une manière d'être du sujet ; il est complexe, parce qu'il a pour complément direct, ( ceci, ces paroles) *nous allons périr*, et pour complément indirect, le pronom *se* ( pour *à eux :* les uns *aux* autres).

*Nous allons périr ;* cette proposition est incidente déterminative. Le sujet est *nous*. Il est simple, parce qu'il n'énonce qu'une seule idée ; il est incomplexe, parce qu'il n'est accompagné d'aucun modificatif. L'attribut est *allant*. Il est simple, parce qu'il n'indique qu'une manière d'être du sujet ; il est complexe, parce qu'il a pour complément terminatif, (à l'état de) *périr*.

*Il dépend de vous de faire de ce vaisseau le théâtre des passions, et de mouvoir avec cette machine touts les ressorts les plus puissants de la terreur et de la pitié.*

Cette phrase ne contient qu'une proposition ; elle est principale, et doit se ramener à celle-ci : *il* (cela,

l'action de) *faire de ce vaisseau le théâtre des passions, et de mouvoir avec cette machine touts les ressorts
les plus puissants de la terreur et de la pitié*, dépend
de vous. Le sujet est *il*, pour le pronom collectif *ce*
(faire et mouvoir). Il est simple, parce que, sous cette
forme, il n'énonce qu'une idée; il est complexe,
parce qu'il a pour déterminatif, *faire de ce vaisseau
le théâtre des passions, et mouvoir avec cette machine
touts les ressorts de la terreur et de la pitié*. L'attribut
est *dépendant*. Il est simple, parce qu'il ne présente
qu'une manière d'être du sujet; il est complexe, parce
qu'il a pour complément terminatif, *de vous*.

*Il suffit pour cela de réfléchir aux circonstances
d'une tempéte;* cette phrase présente une proposition principale. Nous la ramenons à celle-ci : *il* (cela,
l'action de) *réfléchir aux circonstances d'une tempéte
est suffisante pour cela*. Le sujet est *il*. Il est simple,
parce qu'il ne présente à l'esprit qu'une seule idée.
Il est complexe, parce qu'il a pour déterminatif, *réfléchir aux circonstances d'une tempéte*. L'attribut
est *suffisant*. Il est simple, parce qu'il n'exprime
qu'une manière d'être du sujet; il est complexe,
parce qu'il a pour complément terminatif, *pour cela*.

*Il en est de méme de touts les tableaux dont les
objets tombent sous les sens : plus on y réfléchit,
plus ils se développent.*

Cette phrase renferme quatre propositions : une
principale absolue, une principale relative, et deux
incidentes déterminatives.

*Il en est de méme de touts les tableaux;* cette pro-

position est principale absolue. Nous devons la décomposer ainsi : *il* ( cela ) *est* ( arrivant, se faisant
de la même ( manière ) pour *touts les tableaux*. Le sujet est *il*. Ce sujet est simple, parce qu'il ne présente
qu'une seule idée ; il est incomplexe, parce qu'il n'a
point de modificatif. L'attribut est *arrivant ou se faisant* ( non énoncé ). Il est simple, parce qu'il n'exprime
qu'une seule manière d'être du sujet ; il est complexe,
parce qu'il a pour compléments terminatifs, *en* ( pour
de ceci ), *de touts les tableaux*, et pour complément
circonstanciel, *de même* ( de la même manière ).

*Dont les objets tombent sous les sens :* voilà une
proposition incidente déterminative. Le sujet est *objets*. Il est simple, parce qu'il n'exprime qu'une seule
idée ; il est complexe, parce qu'il a pour déterminatif le pronom relatif *dont*, pour *de lesquels* ( tableaux ). L'attribut est *tombant*. Il est simple, parce
qu'il n'énonce qu'une manière d'être du sujet ; il est
complexe, parce qu'il a pour complément terminatif, *sous les sens*.

*Plus on y réfléchit, plus ils se développent ;* ces
deux propositions doivent être rétablies en cette
sorte : *ils* ( les tableaux ) *se développent d'autant plus
qu'on y réfléchit plus*. La première est principale
relative ; la seconde est incidente déterminative.

*Ils se développent d'autant plus :* voilà une proposition principale relative. Le sujet est *ils* ( pour *tableaux*.) Il est simple, parce qu'il ne nous présente
qu'une seule idée ; il est incomplexe, parce qu'il n'a
point de modificatif. L'attribut est *développé* ( Gram-

p. 33). Cet attribut est simple, parce qu'il n'indique qu'une manière d'être du sujet; il est complexe, parce qu'il a pour complément circonstanciel l'adverbe *plus* (ou *d'autant plus*).

*Qu'on y réfléchit plus ;* cette proposition est incidente déterminative. Le sujet est *on.* Il est simple, parce qu'il exprime une idée unique; il est incomplexe, parce qu'il n'est accompagné d'aucun modificatif. L'attribut est *réfléchissant.* Il est simple, parce qu'il n'offre à l'esprit qu'une manière d'être du sujet; il est complexe, parce qu'il a pour complément terminatif *y*, pour *à cela* (à ces tableaux ), et pour complément circonstanciel, l'adverbe *plus.*

## QUINZIÈME EXERCICE.

Massillon adresse à l'Être suprême cette sublime apostrophe, dans son sermon *sur le petit nombre des prédestinés :* O Dieu ! *où sont vos élus ?* Ces paroles si simples répandent la consternation : chaque auditeur se place lui-même dans le dénombrement des réprouvés qui a précédé ce trait; il n'ose plus répondre à l'orateur qui lui a demandé et redemandé s'il était du nombre des justes dont les noms seront seuls écrits dans le Livre de vie; et, rentrant avec effroi dans son propre cœur, qui s'explique assez par ses remords, il croit alors entendre l'arrêt irrévocable de sa réprobation.

## ANALYSE.

*Massillon adresse à l'Être suprême cette sublime*

*apostrophe*, *dans son sermon* sur le petit nombre des prédestinés : *O Dieu ! où sont vos élus ?*

Cette phrase comprend trois propositions, savoir, une principale, et deux incidentes déterminatives.

*Massillon adresse à l'Être suprême cette sublime apostrophe, dans son sermon* sur le petit nombre des prédestinés. Cette proposition est principale. Le sujet est *Massillon*. Il est simple, parce qu'il désigne un être déterminé par une idée unique; il est incomplexe, parce qu'il n'est accompagné d'aucun modificatif. L'attribut est *adressant*. Il est simple, parce qu'il n'indique qu'une manière d'être du sujet; il est complexe, parce qu'il a pour complément direct *cette sublime apostrophe ;* pour complément indirect, *à l'Être suprême*, et pour complément circonstanciel, *dans son sermon* sur le petit nombre des pré— destinés.

*O Dieu !* Cette proposition exclamative ellip— tique (30) est incidente déterminative. Elle doit être ramenée à celle-ci : *je vous le demande* (j'ose vous le demander), *ô mon Dieu !* Le sujet est *je*. Il est simple, parce qu'il énonce un être déterminé par une idée unique; il est incomplexe, parce qu'il n'a point de modificatif. L'attribut est *demandant*. Il est simple, parce qu'il ne présente à l'esprit qu'une seule ma— nière d'être du sujet; il est complexe, parce qu'il a pour complément objectif *le* ( ceci ), *où sont, etc.*

*Où sont vos élus ?* Cette proposition interrogative est incidente déterminative. Le sujet est *élus*. Il est simple, parce qu'il n'offre à l'esprit qu'une seule idée ; il est complexe, parce que l'adjectif possessif *vos* le qualifie et le détermine. L'attribut est *existant*. Il est simple, parce qu'il n'exprime qu'une manière d'être du sujet ; il est complexe, parce qu'il a pour complément terminatif l'adverbe *où*, qui marque la situation (27).

*Ces paroles si simples répandent la consternation : chaque auditeur se place lui-même dans le dénombrement des réprouvés qui a précédé ce trait ; il n'ose plus répondre à l'orateur qui lui a demandé et redemandé s'il était du nombre des justes dont les noms seront seuls écrits dans le Livre de vie ; et, rentrant avec effroi dans son propre cœur, qui s'explique assez par ses remords, il croit alors entendre l'arrêt irrévocable de sa réprobation.*

Cette phrase est composée de neuf propositions, savoir, d'une proposition principale absolue, de trois principales relatives, de quatre incidentes déterminatives, et d'une incidente explicative.

*Ces paroles si simples répandent la consternation ;* cette proposition est principale absolue. Le sujet est *paroles*. Il est simple, parce qu'il ne présente à l'esprit qu'une seule idée ; il est complexe, parce qu'il a pour modificatifs les adjectifs *ces* et *si simples*. L'attribut est *répandant*. Cet attribut est simple, parce qu'il n'énonce qu'une manière d'être du sujet ; il est complexe, parce qu'il a pour complément objectif *la consternation*.

*Chaque auditeur se place lui-même dans le dénombrement des réprouvés ;* c'est une proposition principale relative. Le sujet est *auditeur*. Il est simple, parce qu'il indique un être déterminé par une idée unique; il est complexe, parce que l'adjectif *chaque* le qualifie et le détermine. L'attribut est *plaçant*. Il est simple, parce qu'il n'exprime qu'une manière d'être du sujet; il est complexe, parce qu'il a pour complément objectif *se*, *lui-même*, et pour complément terminatif, *dans le dénombrement des réprouvés*.

*Qui a précédé ce trait:* voilà une proposition incidente déterminative. Le sujet est *qui* (pour *dénombrement*). Il est simple, parce qu'il présente une idée unique; il est incomplexe, parce qu'il n'a point de modificatif. L'attribut est *précédant* ( 36, 37 et 38 ). Il est simple, parce qu'il n'indique qu'une manière d'être du sujet; il est complexe, parce qu'il a pour complément objectif *ce trait*.

*Il n'ose plus répondre à l'orateur;* cette proposition est principale relative. Le sujet est *il*, qui rappelle l'idée d'*auditeur*. Il est simple, parce qu'il désigne un être déterminé par une idée unique; il est incomplexe, parce qu'il n'est accompagné d'aucun modificatif. L'attribut est *osant*. Il est simple, parce qu'il n'offre à l'esprit qu'une manière d'être du sujet; il est complexe, parce qu'il a pour complément terminatif, *répondre à l'orateur*, et pour complément circonstanciel, l'adverbe de cessation *ne plus*.

*Qui lui a demandé et redemandé;* cette proposition est incidente déterminative. Le sujet est *qui* (pour *orateur*). Il est simple, parce qu'il exprime un être unique; il est incomplexe, parce qu'il n'a point de modificatif. L'attribut est *demandant* et *redemandant* (36, 37 et 38). Il est composé, parce qu'il indique deux manières d'être qui peuvent convenir successivement au même sujet ; il est complexe, parce qu'il a pour complément objectif non énoncé, (*ceci*, savoir) *s'il était*, etc., et pour complément indirect, *lui* pour *à lui*.

*S'il était du nombre des justes* ; c'est une proposition incidente déterminative. Le sujet est *il*, qui rappelle l'idée d'*auditeur*. Il est simple, parce qu'il désigne un être déterminé par une idée unique ; il est incomplexe, parce qu'il n'a aucun modificatif. L'attribut est *faisant partie* (40). Il est simple, parce qu'il ne présente qu'une manière d'être du sujet ; il est complexe, parce qu'il a pour complément terminatif, *du nombre des justes*.

*Dont les noms seront seuls écrits dans le Livre de vie* ; cette proposition est encore une proposition incidente déterminative. Le sujet est *noms*. Il est simple, parce qu'il exprime une idée unique ; il est complexe, parce qu'il a pour déterminatif le pronom relatif *dont*, pour *de lesquels* (justes). L'attribut est *écrits*. Il est simple, parce qu'il n'indique qu'une manière d'être du sujet ; il est complexe, parce qu'il est modifié par l'adjectif *seuls*, et qu'il a pour complément terminatif, *dans le Livre de vie*.

*Et, rentrant avec effroi dans son propre cœur, il croit alors entendre l'arrêt irrévocable de sa réprobation* ; cette proposition est principale relative. Le sujet est *il*, qui rappelle l'idée d'*auditeur*. Il est simple, parce qu'il désigne un être unique plexe, parce qu'il a pour modificatif, *rentrant avec effroi dans son propre cœur.* L'attribut est *croyant.* Il est simple, parce qu'il n'indique qu'une manière d'être du sujet; il est complexe, parce qu'il a pour complément objectif *entendre l'arrêt irrévocable de sa réprobation,* et pour complément terminatif l'adverbe de temps *alors.*

*Qui s'explique assez par ses remords :* voilà une proposition incidente explicative. Le sujet est *qui* pour *cœur.* Il est simple, parce qu'il n'offre à l'esprit qu'une seule idée ; il est incomplexe, parce qu'il n'est accompagné d'aucun modificatif. L'attribut est *expliquant.* Il est simple, parce qu'il n'exprime qu'une manière d'être du sujet; il est complexe, parce qu'il a pour complément objectif *se* ; pour complément terminatif, *par ses remords,* et pour complément circonstanciel, *assez.*

## SEIZIÈME EXERCICE.

Louis XII mérita et reçut de la nation le plus beau titre que les rois puissent porter, le nom de *père du peuple.* Il diminua les impôts de plus de moitié ; jamais il n'exigea de nouveaux subsides pour les dépenses de la guerre. S'il employa une ressource dangereuse et jusqu'alors peu connue, la vénalité des charges, il ne l'étendit point aux offices de judicature, les moins susceptibles de vénalité. Les dignités de la robe ne se donnaient alors qu'au mérite. C'était l'usage que les parlements présentassent trois sujets

pour une place vacante, et que le roi en nommât un
Choisis entre les plus célèbres avocats, ils avaient
en quelque sorte acquis le droit de juger, en se distinguant par leurs lumières et par leurs vertus.

## ANALYSE.

*Louis XII mérita et reçut de la nation le plus beau
titre que les rois puissent porter, le nom de père du
peuple.*

Cette phrase est composée de deux propositions,
savoir, d'une principale, et d'une incidente déterminative.

*Louis XII mérita et reçut de la nation le plus beau
titre, le nom de père du peuple :* voilà une proposition
principale *. Le sujet est *Louis.* Il est simple, parce
qu'il désigne un être déterminé par une idée unique;
il est complexe, parce qu'il a pour modificatif l'adjectif ordinal *douze* ou *douzième.* L'attribut est *méritant* et *recevant.* Cet attribut est composé, parce
qu'il exprime deux manières d'être du sujet; il est
complexe, parce qu'il a pour complément objectif
*le plus beau titre, le nom de père du peuple;* et pour
complément terminatif, *de la nation.*

*Que les rois puissent porter;* cette proposition est
incidente déterminative. Le sujet est *rois.* Il est simple, parce qu'il exprime une idée unique; il est incomplexe, parce qu'il n'a point de modificatif. L'attribut est *pouvant.* Il est simple, parce qu'il ne pré-

---

* On pourrait faire aussi deux propositions séparées :
*Louis* XII *mérita, Louis* XII *reçut,* etc.

sente qu'une manière d'être du sujet; il est complexe, parce qu'il a pour complément terminatif *porter*.

*Il diminua les impôts de plus de moitié; jamais il n'exigea de nouveaux subsides pour les dépenses de la guerre.*

Cette phrase comprend deux propositions : une principale absolue, et une principale relative.

*Il diminua les impôts de plus de moitié;* c'est une proposition principale absolue. Le sujet est *il*, qui tient la place de *Louis XII*. Il est simple, parce qu'il désigne un être déterminé par une idée unique; il est incomplexe, parce qu'il n'est accompagné d'aucun modificatif. L'attribut est *diminuant*. Il est simple, parce qu'il n'indique qu'une manière d'être du sujet; il est complexe, parce qu'il a pour complément objectif *les impôts*, et pour complément circonstanciel, *de plus de moitié.*

*Jamais il n'exigea de nouveaux subsides pour les dépenses de la guerre;* cette proposition est principale relative. Le sujet est *il*, qui rappelle l'idée de *Louis XII*. Il est simple, parce qu'il désigne un être unique; il est incomplexe, parce qu'il n'a point de modificatif. L'attribut est *exigeant*. Il est simple, parce qu'il ne présente à l'esprit qu'une manière d'être du sujet; il est complexe, parce qu'il a pour complément objectif, *de nouveaux subsides;* pour complément terminatif, *pour les dépenses de la guerre,* et pour complément circonstanciel, l'adverbe de temps *jamais*.

*S'il employa une ressource dangereuse, et jus-*

*qu'alors peu connue, la vénalité des charges, il ne l'étendit point aux offices de judicature, les moins susceptibles de vénalité.*

Cette phrase renferme deux propositions : une principale absolue, et l'autre principale relative.

*Il employa* (à la vérité) *une re source dangereuse, et jusqu'alors peu connue, la vénalité des charges ;* c'est une proposi ion principale absolue. Le sujet est *il* ( pour *Loui, XII* ). Il est simple, parce qu'il ne désigne qu'un seul être ; il est incomplexe, parce qu'il n'a point de modificatif. L'attribut est *employant.* Cet attribut est simple, parce qu'il n'exprime qu'une manière d'être du sujet ; il est complexe, parce qu'il a pour complément objectif *une ressource dangereuse et jusqu'alors peu connue, la vénalité des charges.*

(Mais *il ne l'étendit point aux offices de judicature, les moins susceptibles de vénalité ;* cette proposition est principale relative. Le sujet est *il*, qui rappelle l'idée de *Louis XII.* Il est simple, parce qu'il désigne un être unique ; il est incomplexe, parce qu'il n'est accompagné d'aucun modificatif L'attribut est *étendant.* Il est simple ; parce qu'il n'offre à l'esprit qu'une manière d'être du sujet : il est complexe, parce qu'il a pour complément objectif *la*, pour *elle* ( la ressource ), et pour complément terminatif, *aux offices de judicature, les moins susceptibles de vénalité.*

*Les dignités de la robe ne se donnaient alors qu'au mérite :* voilà une proposition principale. Le sujet est *dignités*. Il est simple, parce qu'il exprime une idée unique; il est complexe, parce qu'il a pour déterminatif, *de la robe*. L'attribut est *données* ( Le verbe est pronominal, Grammaire, pages 33 et 161 ). Cet attribut est simple, parce qu'il n'indique qu'une manière d'être du sujet; il est complexe, parce qu'il a pour complément terminatif, *au mé-* *rite;* et pour complément circonstanciel, l'adverbe de temps *alors.*

*C'était l'usage que les parlements présentassent trois sujets pour une place vacante, et que le roi en nommât un.*

Cette phrase nous fournit trois propositions : une principale, et deux incidentes déterminatives.

*C'était l'usage;* cette proposition est principale. Nous la ramenons à celle-ci : *l'usage était ceci, celui-ci,* savoir, *que, etc.* Le sujet est *usage.* Il est simple, parce qu'il présente une idée unique; il est incomplexe, parce qu'il n'a point de modificatif. L'attribut est *ce, celui-ci.* Il est simple, parce qu'il n'indique qu'une manière d'être du sujet; il est complexe, parce qu'il a pour déterminatif,(savoir, *que*) *les parlements présentassent, et que le roi nommât, etc.*

*Que les parlements présentassent trois sujets pour une place vacante;* voilà une proposition incidente déterminative. Le sujet est *parlements.* Il est simple, parce qu'il indique une idée unique; il est incomplexe, parce qu'il n'est accompagné d'aucun modificatif. L'attribut est *présentant.* Il est simple, parce qu'il n'exprime qu'une seule manière d'être du sujet;

il est complexe , parce qu'il a pour complément objectif *trois sujets* , et pour complément terminatif, *pour une place vacante.*

*Et que le roi en nommât un ;* c'est encore une proposition incidente déterminative. Le sujet est *roi.* Il est simple, parce qu'il désigne un être déterminé par une idée unique ; il est incomplexe, parce qu'il n'a point de modificatif. L'attribut est *nommant.* Cet attribut est simple. parce qu'il n'indique qu'une seule manière d'être du sujet ; il est complexe, parce qu'il a pour complément objectif *un d'eux (en ,* des trois sujets présentés).

*Choisis entre les plus célèbres avocats , ils avaient en quelque sorte acquis le droit de juger, en se distinguant par leurs lumières et par leurs vertus.*

Cette phrase nous présente une proposition principale. Le sujet est *ils,* qui rappelle l'idée de *sujets.* Il est simple, parce qu'il exprime une idée unique ; il est complexe, parce qu'il a pour modificatif, *choisis entre les plus célèbres avocats.* L'attribut est *acquérant* (36, 37 et 38). Il est simple, parce qu'il n'offre à l'esprit qu'une manière d'être du sujet ; il est complexe, parce qu'il a pour complément objectif *le droit de juger,* et pour compléments circonstanciels, *en quelque sorte,* et, *en se distinguant par leurs lumières et par leurs vertus.*

## DIX-SEPTIÈME EXERCICE.

Comme le premier penchant des peuples est d'imiter les rois, le premier devoir des rois est de donner de saints exemples aux peuples. Les hommes ordinaires ne semblent naître que pour eux seuls; leurs vices ou leurs vertus sont obscurs comme leur destinée: confondus dans la foule, s'ils tombent ou s'ils demeurent fermes, c'est également à l'insçu du public; leur perte ou leur salut se borne à leur personne: ou du moins leur exemple peut bien séduire, et détourner quelquefois de la vertu; mais il ne saurait imposer, et autoriser le vice.

## ANALYSE.

*Comme le premier penchant des peuples est d'imiter les rois, le premier devoir des rois est de donner de saints exemples aux peuples.*

Cette phrase comprend deux propositions : une principale absolue, et l'autre principale relative.

*Comme le premier penchant des peuples est* (celui) *d'imiter les rois;* cette proposition est principale absolue. Le sujet est *penchant.* Il est simple, parce qu'il exprime une idée unique; il est complexe, parce qu'il est modifié par l'adjectif *premier,* et qu'il a pour déterminatif, *des peuples.* L'attribut est *celui, ceci* ( non énoncé ). Cet attribut est simple, parce qu'il n'indique qu'une manière d'être du sujet; il est complexe, parce qu'il a pour complément terminatif, *d'imiter les rois,* et pour modificatif, *comme* (de même).

*Le premier devoir des rois est* (celui) *de donner de saints exemples aux peuples;* cette proposition est principale relative. Le sujet est *devoir*. Il est simple, parce qu'il ne présente qu'une seule idée ; il est complexe, parce qu'il est modifié par l'adjectif *premier*, et déterminé par ces mots, *des rois*. L'attribut est *celui*, *ceci* ( non énoncé 40 .) Il est simple, parce qu'il n'offre à l'esprit qu'une manière d'être du sujet ; il est complexe, parce qu'il a pour complément terminatif, *de donner de saints exemples aux peuples.*

*Les hommes ordinaires ne semblent naître que pour eux seuls ; leurs vices ou leurs vertus sont obscurs comme leur destinée : confondus dans la foule, s'ils tombent ou s'ils demeurent fermes, c'est également à l'insçu du public ; leur perte ou leur salut se borne à leur personne : ou du moins leur exemple peut bien séduire, et détourner quelquefois de la vertu ; mais il ne saurait imposer, et autoriser le vice.*

Cette phrase est composée de sept propositions, savoir, d'une principale absolue, de cinq principales relatives, et d'une incidente déterminative.

*Les hommes ordinaires ne semblent naître que pour eux seuls :* voilà une proposition principale absolue. Le sujet est *hommes*. Il est simple, parce qu'il exprime une idée unique ; il est complexe, parce qu'il est modifié par l'adjectif *ordinaires*. L'attribut est *semblant naître* (34). Il est simple, parce qu'il n'indique qu'une manière d'être du sujet ; il est complexe, parce qu'il a pour complément terminatif *pour eux seuls ;* et pour modificatif, l'adverbe de restriction *ne que*, mis pour *seulement*.

*Leurs vices ou leurs vertus sont obscurs comme leur*

*destinée;* cette proposition est principale relative. Le sujet est *vices* et *vertus.* Il est composé, parce qu'il comprend plusieurs idées auxquelles peut convenir séparément le même attribut; il est complexe, parce que l'adjectif possessif *leurs* le qualifie et le détermine. L'attribut est *obscurs.* Cet attribut est simple, parce qu'il n'exprime qu'une manière d'être du sujet; il est complexe, parce qu'il a pour complément circonstanciel, *comme leur destinée.*

*C'est également à l'insçu du public;* cette proposition est encore principale relative. Le sujet est *ce.* Il est simple, parce qu'il indique une idée unique; il est complexe, parce qu'il a pour déterminatif; *s'ils tombent ou, etc.,* ( cela, savoir, *s'ils tombent ou s'ils demeurent, etc., est également* arrivant). L'attribut est *se faisant, arrivant.* Cet attribut est simple, parce qu'il ne présente qu'une manière d'être du sujet; il est complexe, parce qu'il a pour complément terminatif, *à l'insçu du public,* et pour complément circonstanciel, l'adverbe *également.*

*Confondus dans la foule, s'ils tombent ou s'ils demeurent fermes :* voilà une proposition incidente déterminative. Le sujet est *ils,* qui rappelle l'idée d'*hommes ordinaires.* Il est simple, parce qu'il n'offre à l'esprit qu'une seule idée; il est complexe, parce qu'il a pour modificatif, *confondus dans la foule.* L'attribut est *tombant* et *demeurant ferme.* Cet attribut est composé, parce qu'il indique deux manières d'être du sujet; il est incomplexe, parce qu'il n'est accompagné d'aucun modificatif.

*Leur perte ou leur salut se borne à leur personne;* c'est une proposition principale relative. Le sujet est *perte ou salut.* Il est composé, parce qu'il comprend deux idées auxquelles peut convenir séparément le même attribut; il est complexe, parce que l'adjectif possessif *leur* le qualifie et le détermine. L'attribut est *borné* (Le verbe est ici pronominal). Il est simple, parce qu'il n'énonce qu'une seule manière d'être du sujet; il est complexe, parce qu'il a pour complément terminatif, *à leur personne.*

*Ou du moins leur exemple peut bien séduire, et détourner quelquefois de la vertu;* cette proposition est principale relative. Le sujet est *exemple.* Il est simple, parce qu'il n'exprime qu'une idée; il est complexe, parce qu'il a pour modificatif l'adjectif possessif *leur.* L'attribut est *pouvant.* Il est simple, parce qu'il n'indique qu'une manière d'être du sujet; il est complexe, parce qu'il a pour complément terminatif, *séduire, et détourner quelquefois de la vertu*, et pour complémens circonstanciels, les adverbes *bien, du moins.*

*Mais il ne saurait imposer, et autoriser le vice;* c'est encore une proposition principale relative. Le sujet est *l* ( pour *exemple* ). Il est simple, parce qu'il présente une idée unique; il est incomplexe, parce qu'il n'a point de modificatif. L'attribut est *sachant.* Il est simple, parce qu'il n'indique qu'une manière d'être du sujet; il est complexe, parce qu'il a pour complément objectif, *imposer, et autoriser le vice.*

# DIX-HUITIÈME EXERCICE.

Les princes et les grands, au contraire, ne semblent nés que pour les autres. Le même rang qui les donne en spectacle les propose pour modèles; leurs mœurs forment bientôt les mœurs publiques : on suppose que ceux qui méritent nos hommages ne sont pas indignes de notre imitation : la foule n'a point d'autre loi que les exemples de ceux qui commandent, leur vie se reproduit, pour ainsi dire, dans le public, et, si leurs vices trouvent des censeurs, c'est d'ordinaire parmi ceux mêmes qui les imitent.

## ANALYSE.

*Les princes et les grands, au contraire, ne semblent nés que pour les autres.*

Cette proposition est principale. Le sujet est *les princes et les grands.* Il est composé, parce qu'il comprend deux idées à chacune desquelles peut convenir séparément le même attribut; il est incomplexe, parce qu'il n'est accompagné d'aucun modificatif. L'attribut est *semblant né* (34). Cet attribut est simple, parce qu'il n'offre à l'esprit qu'une manière d'être du sujet; il est complexe, parce qu'il a pour complément terminatif, *pour les autres,* et pour complément circonstanciel, la locution adverbiale *au contraire.*

*Le même rang qui les donne en spectacle les pro-*

*pose pour modèles ; leurs mœurs forment bientôt les mœurs publiques : on suppose que ceux qui méritent nos hommages ne sont pas indignes de notre imitation : la foule n'a point d'autre loi que les exemples de ceux qui commandent : leur vie se reproduit, pour ainsi dire, dans le public ; et, si leurs vices trouvent des censeurs, c'est d'ordinaire parmi ceux mêmes qui les imitent.*

Cette phrase renferme douze propositions, savoir, une principale absolue, cinq principales relatives, et six incidentes déterminatives.

*Le même rang les propose pour modèles ;* c'est une proposition principale absolue. Le sujet est *rang.* Il est simple, parce qu'il exprime une idée unique ; il est complexe, parce qu'il a pour modificatif, l'adjectif *même,* et pour déterminatif, *qui les donne en spectacle.* L'attribut est *proposant.* Il est simple, parce qu'il ne nous présente qu'une manière d'être du sujet ; il est complexe, parce qu'il a pour complément objectif le pronom relatif *les* ( pour *les princes et les grands* ), et pour complément terminatif, *pour modèles.*

*Qui les donne en spectacle :* voilà une proposition incidente déterminative. Le sujet est *qui* ( pour *rang* ). Il est simple, parce qu'il n'offre à l'esprit qu'une seule idée ; il est incomplexe, parce qu'il n'a point de modificatif. L'attribut est *donnant.* Il est simple, parce qu'il n'indique qu'une manière d'être du sujet ; il est complexe, parce qu'il a pour complément objectif le pronom relatif *les* ( pour *les princes et les grands*), et pour complément terminatif, *en spectacle.*

*Leurs mœurs forment bientôt les mœurs publiques ;* cette proposition est principale relative. Le sujet est *mœurs.* Il est simple, parce qu'il n'exprime qu'une seule idée ; il est complexe, parce que l'adjectif possessif *leurs* le qualifie et le détermine. L'attribut est *formant.* Il est simple, parce qu'il n'indique qu'une manière d'être du sujet ; il est complexe, parce qu'il a pour complément objectif *les mœurs publiques ,* et pour complément circonstanciel, l'adverbe de temps *bientôt.*

*On suppose , etc.* Voilà une proposition principale relative. Le sujet est *on.* Il est simple, parce qu'il ne présente qu'une idée ; il est incomplexe , parce qu'il n'a point de modificatif. L'attribut est *supposant.* Il est simple, parce qu'il n'indique qu'une manière d'être du sujet ; il est complexe, parce qu'il a pour déterminatif, *que ceux qui , etc.*

*Ceux* (-là) *ne sont pas indignes de notre imitation ;* cette proposition est incidente déterminative. Le sujet est *ceux.* Il est simple, parce qu'il n'exprime qu'une seule idée ; il est complexe, parce qu'il a pour déterminatif, *qui méritent nos hommages.* L'attribut est *indignes.* Il est simple, parce qu'il n'offre à l'esprit qu'une manière d'être du sujet ; il est complexe, parce qu'il a pour complément terminatif, *de notre imitation.*

*Qui méritent nos hommages ;* c'est encore une proposition incidente déterminative. Le sujet est *qui*

( pour *ceux* ). Il est simple, parce qu'il présente une idée unique; il est incomplexe, parce qu'il n'est accompagné d'aucun modificatif. L'attribut est *méritant*. Il est simple, parce qu'il n'indique qu'une manière d'être du sujet; il est complexe, parce qu'il a pour complément objectif *nos hommages*.

*La foule n'a point d'autre loi que les exemples de ceux.....* Cette proposition est principale relative. Le sujet est *foule*. Il est simple, parce qu'il n'exprime qu'une seule idée; il est incomplexe, parce qu'il n'a point de modificatif. L'attribut est *ayant*. Il est simple, parce qu'il n'offre à l'esprit qu'une manière d'être du sujet; il est complexe, parce qu'il a pour complément objectif, *d'autre loi que les exemples de ceux*, etc.

*Qui commandent :* voilà une proposition incidente déterminative. Le sujet est *qui* ( pour *ceux* ). Il est simple, parce qu'il exprime une idée unique; il est incomplexe, parce qu'il n'a point de modificatif. L'attribut est *commandant*. Il est simple, parce qu'il n'indique qu'une manière d'être du sujet; il est incomplexe, parce qu'il n'est accompagné d'aucun modificatif.

*Leur vie se reproduit, pour ainsi dire, dans le public;* cette proposition est principale relative. Le sujet est *vie*. Il est simple, parce qu'il ne présente qu'une seule idée; il est complexe, parce que l'adjectif possessif *leur* le qualifie et le détermine. L'attribut est *reproduite* (Le verbe est pronominal, Gram. p. 33 et 161). Cet attribut est simple, parce qu'il n'exprime qu'une manière d'être du sujet ; il est complexe, parce qu'il a pour complément terminatif, *dans le public*, et pour complément circonstanciel, cette locution qui sert à modifier, à adoucir, *pour ainsi dire*.

*C'est d'ordinaire parmi ceux mêmes qui*, etc...... Cette proposition est principale relative. Le sujet est *ce*. Il est simple, parce qu'il exprime une idée unique ; il est complexe, parce qu'il a pour déterminatif, *si leurs vices trouvent, etc.*, (*ce, cela,* savoir, *si leurs vices trouvent, etc.*) L'attribut est *arrivant* (40). Cet attribut est simple, parce qu'il n'offre à l'esprit qu'une manière d'être du sujet ; il est complexe, parce qu'il a pour complément terminatif, *parmi ceux mêmes qui, etc.*, et pour complément circonstanciel, *d'ordinaire*.

*Qui les imitent ;* voilà une proposition incidente déterminative. Le sujet est *qui* ( pour *ceux* ). Il est simple, parce qu'il ne présente qu'une seule idée ; il est incomplexe, parce qu'il n'est accompagné d'aucun modificatif. L'attribut est *imitant*. Il est simple, parce qu'il n'indique qu'une manière d'être du sujet ; il est complexe, parce qu'il a pour complément objectif le pronom relatif *les*, qui rappelle l'idée de *ceux qui commandent*.

*Si* (quand) *leurs vices trouvent des censeurs ;* c'est encore une proposition incidente déterminative. Le sujet est *vices*. Il est simple, parce qu'il exprime une idée unique ; il est complexe, parce que l'adjectif possessif *leurs* le qualifie et le détermine. L'attribut est *trouvant*. Il est simple, parce qu'il n'offre à l'es-

prit qu'une manière d'être du sujet; il est complexe,
parce qu'il a pour complément objectif, *des censeurs*.

## DIX-NEUVIÈME EXERCICE.

La piété véritable est l'ordre de la société ; elle
laisse chacun à sa place, fait de l'état où Dieu nous a
placés l'unique voie de notre salut, ne met pas une
perfection chimérique dans des œuvres que Dieu ne
demande pas de nous, ne sort pas de l'ordre de ses
devoirs pour s'en faire d'étrangers, et regarde comme
des vices les vertus qui ne sont pas de notre état.

Tout ce qui trouble l'harmonie publique est un
excès de l'homme, et non un zèle et une perfection
de la vertu. La religion désavoue les œuvres les plus
saintes qu'on substitue aux devoirs, et l'on n'est rien
devant Dieu quand on n'est pas ce que l'on doit être.

## ANALYSE.

*La piété véritable est l'ordre de la société; elle
laisse chacun à sa place, fait de l'état où Dieu nous
a placés l'unique voie de notre salut, ne met pas une
perfection chimérique dans des œuvres que Dieu ne
demande pas de nous, ne sort pas de l'ordre de ses
devoirs pour s'en faire d'étrangers, et regarde comme
des vices les vertus qui ne sont pas de notre état.*

Cette phrase comprend neuf propositions : une
principale absolue, cinq principales relatives, et
trois incidentes déterminatives.

*La piété véritable est l'ordre de la société;* cette proposition est principale absolue. Le sujet est *piété*. Il est simple, parce qu'il exprime une idée unique; il est complexe, parce qu'il a pour modificatif l'adjectif *véritable*. L'attribut est *l'ordre*. Il est simple, parce qu'il ne présente qu'une manière d'être du sujet; il est complexe, parce qu'il a pour déterminatif, *de la société*.

*Elle laisse chacun à sa place....* Voilà une proposition principale relative. Le sujet est *elle* ( pour *la piété* ). Il est simple, parce qu'il n'offre à l'esprit qu'une seule idée; il est incomplexe, parce qu'il n'est accompagné d'aucun modificatif. L'attribut est *laissant*. Il est simple, parce qu'il n'indique qu'une manière d'être du sujet; il est complexe, parce qu'il a pour complément objectif *chacun*, et pour complément terminatif, *à sa place.*

(Elle) *fait de l'état... l'unique voie de notre salut;* cette proposition est principale relative. Le sujet est *elle* ( pour *la piété* ). Il est simple, parce qu'il ne présente qu'une seule idée; il est incomplexe, parce qu'il n'a point de modificatif. L'attribut est *faisant*. Il est simple, parce qu'il n'indique qu'une manière d'être du sujet; il est complexe, parce qu'il a pour complément objectif *l'unique voie de notre salut*, et pour complément terminatif, *de l'état où*, etc.

*Où Dieu nous a placés;* c'est une proposition incidente déterminative. Le sujet est *Dieu*. Il est simple, parce qu'il présente à l'esprit un être déterminé par une idée unique; il est incomplexe, parce qu'il

6..

n'a aucun modificatif. L'attribut est *plaçant* ( 36, 37 et 38 ). Il est simple, parce qu'il n'exprime qu'une manière d'être du sujet; il est complexe, parce qu'il a pour complément objectif *nous* et pour complément terminatif, l'adverbe *où*.

(Elle) *ne met pas une perfection chimérique dans des œuvres;* cette proposition est principale relative. Le sujet est *elle* ( pour *la piété* ). Il est simple, parce qu'il n'exprime qu'une seule idée; il est in—complexe, parce qu'il n'a point de modificatif. L'at-tribut est *mettant*. Il est simple, parce qu'il ne pré-sente qu'une manière d'être du sujet; il est complexe, parce qu'il a pour complément objectif *une perfec-tion chimérique*, et pour complément terminatif, *dans des œuvres que*, etc.

*Que Dieu ne demande pas de nous :* voilà une pro-position incidente déterminative. Le sujet est *Dieu.* Il est simple, parce qu'il désigne un être déterminé par une idée unique; il est incomplexe, parce qu'il n'est accompagné d'aucun modificatif. L'attribut est *demandant.* Il est simple, parce qu'il n'indique qu'une manière d'être du sujet; il est complexe, parce qu'il a pour complément objectif *que* ( pour *les œuvres* ), et pour complément terminatif, *de nous.*

(Elle) *ne sort pas de l'ordre de ses devoirs pour s'en faire d'étrangers ;* cette proposition est princi-pale relative. Le sujet est *elle* ( pour *la piété* ). Il est simple, parce qu'il exprime une idée unique; il est incomplexe, parce qu'il n'a point de modificatif. L'attribut est *sortant.* Il est simple, parce qu'il ne présente qu'une manière d'être du sujet ; il est complexe, parce qu'il a pour complément terminatif, *de l'ordre de ses devoirs*, et pour complément circonstanciel, marquant le but, *pour s'en faire d'étrangers*.

*Et* (elle) *regarde comme des vices les vertus qui, etc.* C'est encore une proposition principale relative. Le sujet est *elle* (pour *la piété*). Il est simple, parce qu'il n'offre à l'esprit qu'une seule idée ; il est incomplexe, parce qu'il n'a point de modificatif. L'attribut est *regardant*. Il est simple, parce qu'il n'indique qu'une manière d'être du sujet ; il est complexe, parce qu'il a pour complément objectif *les vertus*, et pour complément circonstanciel, *comme des vices*.

*Qui ne sont pas* (celles) *de notre état ;* cette proposition est incidente déterminative. Le sujet est *qui* (pour *les vertus*). Il est simple, parce qu'il ne nous présente qu'une seule idée ; il est incomplexe, parce qu'il n'est accompagné d'aucun modificatif. L'attribut est *celles*. Il est simple, parce qu'il n'exprime qu'une manière d'être du sujet ; il est complexe, parce qu'il a pour complément terminatif, *de notre état*.

*Tout ce qui trouble l'harmonie publique est un excès de l'homme, et non un zèle et une perfection de la vertu.*

Cette phrase renferme trois propositions : une principale absolue, une principale relative, et une incidente déterminative.

*Tout ce, etc., est un excès de l'homme :* voilà une proposition principale absolue. Le sujet est *ce*. Il est simple, parce qu'il exprime une idée unique ; il est complexe, parce qu'il a pour modificatif l'adjectif collectif *tout*, et pour déterminatif, *qui trouble*. L'attribut est *excès*. Il est simple, parce qu'il n'indique qu'une manière d'être du sujet ; il est complexe, parce qu'il a pour déterminatif, *de l'homme*, et pour modificatif l'adjectif numéral *un*.

*Et* (il) n'est pas *un zèle et une perfection de la vertu ;* cette proposition est principale relative. Le sujet est *il* (pour *ce*). Ce sujet est simple, parce qu'il ne présente qu'une seule idée ; il est incomplexe, parce qu'il n'a point de modificatif. L'attribut est *zèle* et *perfection*. Il est composé, parce qu'il indique deux manières d'être qui peuvent convenir séparément au même sujet ; il est complexe, parce qu'il a pour déterminatif, *de la vertu*, et pour modificatif les adjectifs numér. *un*, *une*.

*Qui trouble l'harmonie publique ;* c'est une proposition incidente déterminative. Le sujet est *qui* (pour *ce*). Il est simple, parce qu'il offre à l'esprit une idée unique ; il est incomplexe, parce qu'il n'est accompagné d'aucun modificatif. L'attribut est *troublant*. Il est simple, parce qu'il n'exprime qu'une manière d'être du sujet ; il est complexe, parce qu'il a pour complément direct *l'harmonie publique*.

*La religion désavoue les œuvres les plus saintes qu'on substitue aux devoirs, et l'on n'est rien devant Dieu quand on n'est pas ce que l'on doit être.*

Cette phrase est composée de cinq propositions, savoir, d'une principale absolue, d'une principale relative, et de trois incidentes déterminatives.

*La religion désavoue les œuvres les plus saintes* voilà une proposition principale absolue. Le sujet est *religion*. Il est simple, parce qu'il exprime une idée unique; il est incomplexe, parce qu'il n'a point de modificatif. L'attribut est *désavouant*. Il est simple, parce qu'il ne présente qu'une manière d'être du sujet; il est complexe, parce qu'il a pour complément objectif *les œuvres les plus saintes*.

*Qu'on substitue aux devoirs;* c'est une proposition incidente déterminative. Le sujet est *on*. Il est simple, parce qu'il n'offre à l'esprit qu'une seule idée; il est incomplexe, parce qu'il n'a aucun modificatif. L'attribut est *substituant*. Il est simple, parce qu'il n'indique qu'une manière d'être du sujet; il est complexe, parce qu'il a pour complément objectif le pronom relatif *que* ( pour *œuvres saintes* ), et pour complément terminatif, *aux devoirs*.

*Et l'on n'est rien devant Dieu;* cette proposition est principale relative. Le sujet est *on*. Il est simple, parce qu'il exprime une idée unique ; il est incomplexe, parce qu'il n'a point de modificatif. L'attribut est *rien*. Il est simple, parce qu'il ne présente qu'une manière d'être du sujet; il est complexe, parce qu'il a pour complément terminatif, *devant Dieu*, et qu'il est encore déterminé par la proposition suivante.

*Quand on n'est pas ce:* voilà une proposition incidente déterminative. Le sujet est *on*. Il est simple, parce qu'il n'offre à l'esprit qu'une idée; il est incomplexe, parce qu'il n'est accompagné d'aucun modificatif. L'attribut est *ce*. Il est simple, parce qu'il n'exprime qu'une manière d'être du sujet ; il est complexe, parce qu'il a pour déterminatif, *que l'on doit être.*

*Que l'on doit être;* c'est encore une proposition incidente déterminative. Le sujet est *on.* Il est simple, parce qu'il exprime une idée unique; il est incomplexe, parce qu'il n'a point de modificatif. L'attribut est *devant.* Il est simple, parce qu'il ne présente qu'une manière d'être du sujet; il est complexe, parce qu'il a pour complément objectif, *être que* (quel).

## VINGTIÈME EXERCICE.

Celui qui règne dans les cieux, et de qui relèvent tous les empires, à qui seul appartient la gloire, la majesté et l'indépendance, est aussi le seul qui se glorifie de faire la loi aux rois, et de leur donner, quand il lui plaît de grandes et de terribles leçons. Soit qu'il élève les trônes, soit qu'il les abaisse, soit qu'il communique sa puissance aux princes, soit qu'il la retire à lui-même, et ne leur laisse que leur propre faiblesse; il leur apprend leurs devoirs d'une manière souveraine et digne de lui : car, en leur donnant sa puissance, il leur commande d'en user, comme il fait lui-même, pour le bien du monde; et il leur fait voir, en la retirant, que toute leur majesté est empruntée, et que, pour être assis sur le trône, ils n'en sont pas moins sous sa main et sous son autorité suprême. C'est ainsi qu'il instruit les princes, non-seulement par des discours et par des paroles, mais encore par des effets et par des exemples.

## ANALYSE.

*Celui qui règne dans les cieux, et de qui relèvent touts les empires, à qui seul appartient la gloire, la majesté et l'indépendance, est aussi le seul qui se glorifie de faire la loi aux rois, et de leur donner, quand il lui plaît, de grandes et de terribles leçons.*

Cette phrase contient six propositions : une principale, et cinq incidentes déterminatives.

*Celui* (-là) *est aussi le seul....* Voilà une proposition principale. Le sujet est *celui*. Il est simple, parce qu'il désigne un être déterminé par une idée unique ; il est complexe, parce qu'il a pour déterminatifs, *qui règne dans les cieux, et de qui,* etc. L'attribut est *seul.* Il est simple, parce qu'il n'indique qu'une manière d'être du sujet ; il est complexe, parce qu'il a pour déterminatif, *qui se glorifie de,* etc.

*Qui règne dans les cieux ;* cette proposition est incidente déterminative. Le sujet est *qui* (pour *celui*). Il est simple, parce qu'il présente à l'esprit un être déterminé par une idée unique ; il est incomplexe, parce qu'il n'a point de modificatif. L'attribut est *régnant.* Il est simple, parce qu'il n'exprime qu'une manière d'être du sujet ; il est complexe, parce qu'il a pour complément terminatif, *dans les cieux.*

*Et de qui relèvent touts les empires ;* cette proposition, suite de la précédente, est incidente déterminative. Le sujet est *empires.* Il est simple, parce qu'il n'offre à l'esprit qu'une seule idée ; il est complexe, parce qu'il a pour modificatif l'adjectif collectu touts. L'attribut est *relevant*. Il est simple, parce qu'il n'indique qu'une manière d'être du sujet ; il est complexe, parce qu'il a pour complément terminatif, *de qui*.

*A qui seul appartient la gloire, la majesté et l'indépendance ;* cette proposition, suite de la précédente, est aussi incidente déterminative. Le sujet est *la gloire, la majesté et l'indépendance*. Il est composé, parce qu'il comprend plusieurs idées auxquelles peut convenir séparément le même attribut ; il est incomplexe, parce qu'il n'est accompagné d'aucun modificatif. L'attribut est *appartenant*. Il est simple, parce qu'il ne présente qu'une manière d'être du sujet ; il est complexe, parce qu'il a pour complément terminatif, *à qui seul*.

*Qui se glorifie de faire la loi aux rois, et de leur donner de grandes et de terribles leçons ;* cette proposition est incidente déterminative. Le sujet est *qui* (pour *celui*). Il est simple, parce qu'il désigne un être déterminé par une idée unique ; il est incomplexe, parce qu'il n'a point de modificatif. L'attribut est *glorifiant*. Il est simple, parce qu'il n'exprime qu'une manière d'être du sujet ; il est complexe, parce qu'il a pour complément objectif le pronom réfléchi *se*, et pour complément terminatif, *de faire la loi aux rois, et de leur donner de grandes et de terribles leçons.*

*Quand il lui plaît ;* cette proposition est encore incidente déterminative (55). Le sujet est *il* (pour *cela*). Il est simple, parce qu'il exprime une idée unique; il est incomplexe, parce qu'il n'a point de modificatif. L'attribut est *plaisant*. Il est simple, parce qu'il n'indique qu'une manière d'être du sujet; il est complexe, parce qu'il a pour complément terminatif *lui* (pour *à lui*) (Gramm. p. 25).

*Soit qu'il élève les trônes, soit qu'il les abaisse, soit qu'il communique sa puissance aux princes, soit qu'il la retire à lui-même, et ne leur laisse que leur propre faiblesse, il leur apprend leurs devoirs d'une manière souveraine et digne de lui : car, en leur donnant sa puissance, il leur commande d'en user, comme il fait lui-même, pour le bien du monde; et il leur fait voir, en la retirant, que toute leur majesté est empruntée, et que, pour être assis sur le trône, ils n'en sont pas moins sous sa main et sous son autorité suprême.*

Cette phrase est composée de onze propositions, savoir, d'une principale absolue, de deux principales relatives, de sept incidentes déterminatives, et d'une incidente explicative.

*Il leur apprend leurs devoirs* (aux princes) *d'une manière souveraine et digne de lui :* voilà une proposition principale absolue. Le sujet est *il* (pour *celui qui règne dans les cieux*, etc. ). Il est simple, parce qu'il désigne un être déterminé par une idée unique; il est incomplexe, parce qu'il n'est accompagné d'aucun modificatif. L'attribut est *apprenant*. Il est simple, parce qu'il n'offre à l'esprit qu'une manière d'être du sujet; il est complexe, parce qu'il a pour complément direct *leurs devoirs* ; pour complément indirect, *leur* (pour *à eux*), et pour complément circonstanciel, *d'une manière souveraine et digne de lui.*

*Soit qu'il élève les trônes* ; c'est une proposition incidente déterminative (55). Le sujet est *il* ( pour *celui* ). Il est simple, parce qu'il désigne un être unique ; il est incomplexe, parce qu'il n'a point de modificatif. L'attribut est *élevant*. Il est simple, parce qu'il n'énonce qu'une manière d'être du sujet; il est complexe, parce qu'il a pour complément objectif *les trônes.*

*Soit qu'il les abaisse* ; cette proposition, suite de la précédente, est incidente déterminative. Le sujet est *il* ( pour *celui* ). Il est simple, parce qu'il ne désigne qu'un seul être ; il est incomplexe, parce qu'il n'a aucun modificatif. L'attribut est *abaissant.* Il est simple, parce qu'il ne présente qu'une manière d'être du sujet; il est complexe, parce qu'il a pour complément objectif *les* ( pour *les trônes* ).

*Soit qu'il communique sa puissance aux princes ;* c'est une proposition incidente déterminative. Le sujet est *il* ( pour *celui* ). Il est simple, parce qu'il exprime un être unique ; il est incomplexe, parce qu'il n'a point de modificatif. L'attribut est *communiquant.* Il est simple, parce qu'il n'indique qu'une manière d'être du sujet; il est complexe, parce qu'il a pour complément direct, *sa puissance*, et pour complément indirect, *aux princes.*

*Soit qu'il la retire à lui-même* ; cette proposition, suite de la précédente, est aussi incidente déterminative. Le sujet est *il* (pour *celui*). Il est simple, parce qu'il désigne un être unique ; il est incomplexe, parce qu'il n'a point de modificatif. L'attribut est *retirant*. Il est simple, parce qu'il ne présente qu'une manière d'être du sujet ; il est complexe, parce qu'il a pour complément objectif le pronom relatif *la*, qui rappelle l'idée de *puissance*, et pour complément terminatif, *à lui-même*.

*Et* (qu'il) *ne leur laisse que leur propre faiblesse ;* cette proposition est encore incidente déterminative. Le sujet est *il* (pour *celui*). Il est simple, parce qu'il ne désigne qu'un seul être ; il est incomplexe, parce qu'il n'a point de modificatif. L'attribut est *laissant*. Cet attribut est simple, parce qu'il n'énonce qu'une manière d'être du sujet ; il est complexe, parce qu'il a pour complément direct *leur propre faiblesse*, et pour complément indirect, *leur*, pour à *eux* (Gramm. p. 25).

*Car, en leur donnant sa puissance, il leur commande d'en user pour le bien du monde :* voilà une proposition principale relative. Le sujet est *il* (pour *celui*). Il est simple, parce qu'il présente à l'esprit un être déterminé par une idée unique ; il est incomplexe, parce qu'il n'a point de modificatif. L'attribut est *commandant*. Cet attribut est simple, parce qu'il n'exprime qu'une manière d'être du sujet. Il est complexe, parce qu'il a pour complément direct (*ceci*, qui est) *d'en user pour le bien du monde;* pour complément indirect, *leur* (pour *à eux*), et pour complément circonstanciel, *en leur donnant sa puissance*.

*Comme il fait lui-même ;* cette proposition est incidente explicative. Le sujet est *il* (pour *celui*). Il est simple, parce qu'il n'indique qu'un seul être ; il est complexe, parce qu'il a pour modificatif *lui-même.* L'attribut est *faisant.* Il est simple, parce qu'il ne nous présente qu'une manière d'être du sujet ; il est complexe, parce qu'il a pour complément circonstanciel, l'adverbe de manière *comme.*

*Et il leur fait voir, en la retirant.....* C'est une proposition principale relative. Le sujet est *il* ( pour *celui*). Il est simple, parce qu'il exprime un être unique ; il est incomplexe, parce qu'il n'est accompagné d'aucun modificatif. L'attribut est *faisant voir* ( 35, et Gramm. p. 168 ). Il est simple, parce qu'il n'offre à l'esprit qu'une manière d'être du sujet; il est complexe, parce qu'il a pour complément indirect *leur* (pour *à eux*); pour complément circonstanciel, *en la retirant,* et pour déterminatif, *que toute leur majesté,* etc.

*Toute leur majesté est empruntée :* voilà une proposition incidente déterminative. Le sujet est *majesté.* Il est simple, parce qu'il ne présente qu'une seule idée; il est complexe, parce qu'il a pour modificatifs l'adjectif collectif *toute* et l'adjectif possessif *leur.* L'attribut est *empruntée.* Il est simple, parce qu'il n'exprime qu'une manière d'être du sujet; il est incomplexe, parce qu'il n'est accompagné d'aucun modificatif.

*Et que, pour être assis sur le trône, ils n'en sont pas moins sous sa main et sous son autorité suprême;*

cette proposition, suite de la précédente, est encore incidente déterminative. Le sujet est *ils*, qui rappelle l'idée de *princes*. Il est simple, parce qu'il n'indique qu'une idée ; il est complexe, parce qu'il a pour modificatif, *pour être assis* ( quoique assis ) *sur le trône*. L'attribut est *placés*, *existant* (40). Cet attribut est simple, parce qu'il n'énonce qu'une manière d'être du sujet ; il est complexe, parce qu'il a pour complément terminatif, *sous sa main et sous son autorité suprême*, et pour complément circonstanciel, *pas moins*.

*C'est ainsi qu'il instruit les princes, non-seulement par des discours et par des paroles, mais encore par des effets et par des exemples.*

Cette phrase renferme deux propositions : une principale, et une incidente déterminative. ( On pourrait la réduire à une proposition unique, qui serait principale, en la changeant en celle-ci : *il instruit ainsi*, etc. )

*C'est ainsi :* voilà une proposition principale. Le sujet est *ce* ( pour *cela* ). Il est simple, parce qu'il ne nous présente qu'une seule idée ; il est complexe, parce qu'il a pour déterminatif, *qu'il instruit* ( cela, savoir, *qu'il instruit*, etc., *est ainsi*). L'attribut est *arrivant*. Il est simple, parce qu'il n'exprime qu'une manière d'être du sujet ; il est complexe, parce qu'il a pour complément circonstanciel l'adverbe de manière *ainsi*.

*Qu'il instruit les princes, non-seulement par des discours et par des paroles, mais encore par des ef-*

*fets et par des exemples;* cette proposition est incidente déterminative. Le sujet est *il* ( pour *celui qui règne,* etc. ). Il est simple , parce qu'il désigne un être déterminé par une idée unique ; il est incomplexe , parce qu'il n'est accompagné d'aucun modificatif. L'attribut est *instruisant.* Il est simple , parce qu'il n'indique qu'une manière d'être du sujet ; il est complexe, parce qu'il a pour complément objectif *les princes;* pour complément terminatif, *par des discours et par des paroles, par des effets et par des exemples;* et pour complément circonstanciel, *non-seulement, mais encore.*

## VINGT ET UNIÈME EXERCICE.

### *Cromwell.*

Un homme s'est rencontré d'une profondeur d'esprit incroyable, hypocrite raffiné autant qu'habile politique, capable de tout entreprendre et de tout cacher, également actif et infatigable dans la paix et dans la guerre, qui ne laissait rien à la fortune de ce qu'il pouvait lui ôter par conseil et par prévoyance, mais au reste si vigilant et si prêt à tout, qu'il n'a jamais manqué les occasions qu'elle lui a présentées; enfin, un de ces esprits remuants et audacieux qui semblent être nés pour changer le monde. Que le sort de tels esprits est hasardeux, et qu'il en paraît dans l'histoire à qui leur audace a été funeste ! Mais aussi que ne font-ils pas, quand il plaît à Dieu de s'en servir !

## ANALYSE.

*Un homme s'est rencontré d'une profondeur d'es-
prit incroyable, hypocrite raffiné autant qu'habile
politique, capable de tout entreprendre et de tout cacher, également actif et infatigable dans la paix et
dans la guerre, qui ne laissait rien à la fortune de ce
qu'il pouvait lui ôter par conseil et par prévoyance,
mais au reste si vigilant et si prêt à tout, qu'il n'a
jamais manqué les occasions qu'elle lui a présentées;
enfin, un de ces esprits* [illegible] *dacieux qui
semblent être nés pour* [illegible]

Cette phrase est compo[illegible]ée de six propositions, savoir, d'une proposition principale, et de cinq incidentes déterminatives.

*Un homme d'une profondeur d'esprit incroyable,
hypocrite raffiné autant qu'habile politique, capable
de tout entreprendre et de tout cacher, également
actif et infatigable dans la paix et dans la guerre,
qui, etc....... mais au reste si vigilant et si prêt
à tout, qu'il... enfin, un de ces esprits remuants
et audacieux qui... s'est* (a été) *rencontré :* voilà
une proposition principale. Le sujet est *homme.*
Il est simple, parce qu'il présente à l'esprit un
être déterminé par une idée unique; il est complexe, parce qu'il a pour modificatifs, *un, d'une profondeur d'esprit, hypocrite raffiné, capable...qui, etc.*
L'attribut est *rencontré.* Il est simple, parce qu'il

n'exprime qu'une manière d'être du sujet; il est incomplexe, parce qu'il n'est accompagné d'aucun modificatif.

*Qui ne laissait rien à la fortune de ce;* cette proposition est incidente déterminative. Le sujet est *qui* ( pour *homme* ). Il est simple, parce qu'il désigne un être déterminé par une idée unique; il est incomplexe, parce qu'il n'a point de modificatif. L'attribut est *laissant.* Il est simple, parce qu'il n'énonce qu'une manière d'être du sujet ; il est complexe, parce qu'il a pour complément direct *rien* ; pour complément indirect, *à la fortune*; et pour complément terminatif qui marque extraction, *de ce* (27).

*Qu'il pouvait lui ôter par conseil et par prévoyance;* c'est une proposition incidente déterminative. Le sujet est *il* (pour *homme*). Il est simple, parce qu'il indique un être unique; il est incomplexe, parce qu'il n'est accompagné d'aucun modificatif. L'attribut est *pouvant.* Il est simple, parce qu'il n'exprime qu'une manière d'être du sujet ; il est complexe, parce qu'il a pour complément terminatif *ôter* ( *que,* pour *cela*) *lui* ( à elle ) *par conseil et par prévoyance.*

*Qu'il n'a jamais manqué les occasions;* cette proposition est incidente déterminative. Le sujet est *il* ( pour *homme* ). Il est simple, parce qu'il ne désigne qu'un seul être; il est incomplexe, parce qu'il n'a point de modificatif. L'attribut est *manquant.* Il est simple, parce qu'il n'offre à l'esprit qu'une manière d'être du sujet; il est complexe, parce qu'il a pour complément objectif, *les occasions*, et pour complément circonstanciel, l'adverbe de temps *jamais*.

*Qu'elle lui a présentées;* c'est une proposition incidente déterminative. Le sujet est *elle* (pour *la fortune*). Il est simple, parce qu'il exprime une idée unique; il est incomplexe, parce qu'il n'a aucun modificatif. L'attribut est *présentant*. Il est simple, parce qu'il ne marque qu'une manière d'être du sujet; il est complexe, parce qu'il a pour complément direct *que* (pour *occasions*), et pour complément indirect, *lui* (pour *à lui*).

*Qui semblent être nés pour changer le monde;* c'est encore une proposition incidente déterminative. Le sujet est *qui* (pour *esprits*). Il est simple, parce qu'il n'exprime qu'une seule idée; il est incomplexe, parce qu'il n'a point de modificatif. L'attribut est *semblant être né* (34). Il est simple, parce qu'il n'indique qu'une manière d'être du sujet; il est complexe, parce qu'il a pour complément terminatif, *pour changer le monde.*

*Que le sort de tels esprits est hasardeux, et qu'il en paraît dans l'histoire à qui leur audace a été funeste !*

Cette phrase contient trois propositions : une principale absolue, une principale relative, et une incidente déterminative.

*Que le sort de tels esprits est hasardeux !* Voilà une proposition principale absolue. Le sujet est *sort*. Il est simple, parce qu'il ne présente qu'une seule idée : il est complexe, parce qu'il a pour déterminatif, *de tels* esprits. L'attribut est *hasardeux*. Il est simple, parce qu'il n'indique qu'une manière d'être du sujet; il est complexe, parce qu'il est modifié par l'adverbe de quantité *que* (pour *combien*).

*Et qu'il en paraît dans l'histoire;* cette proposition est principale relative. Elle doit être ramenée à celle-ci : *combien d'eux* (de ces esprits) *paraissent dans l'histoire.* Le sujet est *que*, pour *combien* (quel grand nombre de ces esprits) (1<sup>re</sup> partie, Analyse grammaticale, p. 13, n° 45). Ce sujet est simple, parce qu'il exprime une idée unique; il est complexe, parce qu'il a pour déterminatif *en* ( pour *d'eux*, de ces esprits). L'attribut est *paraissant*. Il est simple, parce qu'il ne présente qu'une manière d'être du sujet; il est complexe, parce qu'il a pour complément terminatif *dans l'histoire*.

*A qui leur audace a été funeste!* Voilà une proposition incidente déterminative. Le sujet est *audace*. Il est simple, parce qu'il n'offre à l'esprit qu'une seule idée; il est complexe, parce que l'adjectif possessif *leur* le qualifie et le détermine. L'attribut est *funeste*. Il est simple, parce qu'il n'indique qu'une manière d'être du sujet; il est complexe, parce qu'il a pour complément terminatif, *à qui*.

*Mais aussi que ne font-ils pas quand il plaît à Dieu de s'en servir!*

Cette phrase comprend deux propositions : une principale, et une incidente déterminative.

*Mais aussi que ne font-ils pas!* Cette proposition est principale. Le sujet est *ils* (pour *esprits*). Il est simple, parce qu'il exprime une idée unique ; il est incomplexe, parce qu'il n'est accompagné d'aucun modificatif. L'attribut est *faisant*. Il est simple, parce qu'il ne nous présente qu'une manière d'être du sujet ; il est complexe, parce qu'il a pour complément objectif *que* ( pour *quelles choses*, *combien de choses*....), et qu'il est encore déterminé par la proposition suivante.

*Quand il plaît à Dieu de s'en servir ;* cette proposition est incidente déterminative. Le sujet est *il* ( pour *cela* ). Il est simple, parce qu'il n'exprime qu'une seule idée ; il est complexe, parce qu'il a pour déterminatif *de s'en servir* ( quand cela, savoir l'action *de s'en servir*, *plaît à Dieu* ). L'attribut est *plaisant*. Il est simple, parce qu'il n'indique qu'une manière d'être du sujet ; et il est complexe, parce qu'il a pour complément terminatif, *à Dieu*.

## VINGT-DEUXIÈME EXERCICE.

Il fut donné à celui-ci de tromper les peuples, et de prévaloir contre les rois. Car, comme il eut aperçu que, dans ce mélange infini de sectes qui n'avaient plus de règles certaines, le plaisir de dogmatiser, sans être repris ni contraints par aucune autorité ecclésiastique ni séculière, était le charme qui possédait les esprits, il sut si bien les concilier par là, qu'il fit un corps redoutable de cet assemblage monstrueux. Quand une fois on a trouvé le moyen de prendre la multitude par l'appât de la liberté, elle suit en aveugle, pourvu qu'elle en entende seulement le nom. Ceux-ci, occupés du premier objet qui les avait transportés, allaient toujours, sans regarder qu'ils allaient à la servitude ; et leur subtil conducteur, qui, en combattant, en dogmatisant, en mêlant mille personnages divers, en faisant le docteur et le prophète aussi-bien que le soldat et le capitaine, vit qu'il avait tellement enchanté le monde qu'il était regardé de toute l'armée comme un chef envoyé de Dieu pour la protection de l'indépendance, commença à s'apercevoir qu'il pouvait encore les pousser plus loin.

## ANALYSE.

*Il fut donné à celui-ci de tromper les peuples, et de prévaloir contre les rois.*

Cette phrase nous fournit une proposition principale. Le sujet est *il* (pour *cela*). Il est simple, parce qu'il n'exprime qu'une seule idée ; il est complexe, parce qu'il a pour déterminatif, *de tromper les peuples, et de prévaloir contre les rois* ( cela, savoir le moyen *de tromper les peuples, et de prévaloir contre les rois, fut donné à celui-ci* ). L'attribut est *donné*. Il est simple, parce qu'il n'énonce qu'une manière d'être du sujet ; il est complexe, parce qu'il a pour complément terminatif, *à celui-ci*.

*Car, comme il eut aperçu que, dans ce mélange infini de sectes qui n'avaient plus de règles certaines, le plaisir de dogmatiser, sans être repris ni contraints par aucune autorité ecclésiastique ni séculière, était le charme qui possédait les esprits, il sut si bien les conciler par là, qu'il fit un corps redoutable de cet assemblage monstrueux.*

Cette phrase est composée de six propositions, savoir, d'une principale, d'une incidente explicative, et de quatre incidentes déterminatives.

*Car, il sut si bien les* ( les esprits ) *conciler par là;* voilà une proposition principale. Le sujet est *il* (pour *celui-ci,* cet homme). Il est simple, parce qu'il présente à l'esprit un être déterminé par une idée unique; il est incomplexe, parce qu'il n'est accompagné d'aucun modificatif. L'attribut est *sachant.* Il est simple, parce qu'il n'exprime qu'une manière d'être du sujet; il est complexe, parce qu'il a pour complément objectif *les conciler par là,* et pour complément circonstanciel *si bien que,* etc.

*Comme il eut aperçu;* cette proposition est incidente explicative. Le sujet est *il* (pour *celui-ci,* cet homme). Il est simple, parce qu'il ne désigne qu'un seul être; il est incomplexe, parce qu'il n'a point de modificatif. L'attribut est *apercevant.* Il est simple, parce qu'il n'offre à l'esprit qu'une manière d'être du sujet; il est complexe, parce qu'il a pour déterminatif *que le plaisir de,* etc.

*Dans ce mélange infini de sectes.... le plaisir de dogmatiser, sans être repris ni contraints par aucune autorité ecclésiastique ni séculière, était le charme....* C'est une proposition incidente déterminative. Le sujet est *plaisir.* Il est simple, parce qu'il exprime une idée unique; il est complexe, parce qu'il a pour déterminatif *de dogmatiser, sans être repris ni contraints par aucune autorité ecclé-siastique ni séculière*. L'attribut est *charme*. Cet attribut est simple, parce qu'il n'indique qu'une manière d'être du sujet; il est complexe, parce qu'il a pour déterminatif *qui possédait les esprits*, et pour complément circonstanciel, *dans ce mélange infini de sectes....*

*Qui possédait les esprits ;* cette proposition est incidente déterminative. Le sujet est *qui* (pour *charme*). Il est simple, parce qu'il ne nous présente qu'une seule idée ; il est incomplexe, parce qu'il n'a aucun modificatif. L'attribut est *possédant*. Il est simple, parce qu'il n'exprime qu'une manière d'être du sujet; il est complexe, parce qu'il a pour complément objectif *les esprits*.

*Qui n'avaient plus de règles certaines ;* c'est encore une proposition incidente déterminative. Le sujet est *qui* (pour *sectes*). Ce sujet est simple, parce qu'il exprime une idée unique ; il est incomplexe, parce qu'il n'est accompagné d'aucun modificatif. L'attribut est *ayant*. Il est simple, parce qu'il n'offre à l'esprit qu'une manière d'être du sujet ; il est complexe, parce qu'il a pour complément objectif *de règles certaines*, et pour complément circonstanciel, l'adverbe *ne plus*, qui marque cessation d'état, d'action.

*Qu'il fit un corps redoutable de cet assemblage monstrueux :* voilà une proposition incidente déterminative. Le sujet est *il* (pour celui-ci, cet homme).

Il est simple, parce qu'il désigne un être déterminé par une idée unique ; il est incomplexe, parce qu'il n'a point de modificatif L'attribut est *faisant*. Il est simple, parce qu'il n'exprime qu'une manière d'être du sujet ; il est complexe, parce qu'il a pour complément objectif *un corps redoutable*, et pour complément terminatif, *de cet assemblage monstrueux*.

*Quand une fois on a trouvé le moyen de prendre la multitude par l'appât de la liberté, elle suit en aveugle, pourvu qu'elle en entende seulement le nom.*

Cette phrase renferme trois propositions : une principale, et deux incidentes déterminatives.

*Elle* (la multitude) *suit en aveugle* ; cette proposition est principale. Le sujet est *elle* (pour *la multitude*). Il est simple, parce qu'il n'exprime qu'une seule idée ; il est incomplexe, parce qu'il n'a point de modificatif. L'attribut est *suivant*. Il est simple, parce qu'il n'indique qu'une manière d'être du sujet ; il est complexe, parce qu'il a pour déterminatifs *quand on a trouvé, etc., pourvu qu'elle entende, etc.*, et pour complément circonstanciel, *en aveugle*.

*Quand on a une fois trouvé le moyen de prendre la multitude par l'appât de la liberté :* voilà une proposition incidente déterminative. Le sujet est *on*. Il est simple, parce qu'il offre à l'esprit une idée unique ; il est incomplexe, parce qu'il n'a point de modificatif. L'attribut est *trouvant* (36, 37 et 38). Il est simple, parce qu'il n'exprime qu'une manière d'être du sujet ; il est complexe, parce qu'il a pour complément objectif *le moyen de prendre la multitude par l'appât de la liberté*, et pour complément circonstanciel, *une fois*.

*Pourvu qu'elle en entende seulement le nom ;* c'est encore une proposition incidente déterminative. Le sujet est *elle* (pour *la multitude*). Il est simple, parce qu'il ne présente qu'une idée. Il est incomplexe, parce qu'il n'est accompagné d'aucun modificatif. L'attribut est *entendant*. Il est simple, parce qu'il ne marque qu'une manière d'être du sujet ; il est complexe, parce qu'il a pour complément objectif le pronom *en* (*d'elle*, de la liberté), et pour complément circonstanciel, l'adverbe *seulement*.

*Ceux-ci, occupés du premier objet qui les avait transportés, allaient toujours, sans regarder qu'ils allaient à la servitude ; et leur subtil conducteur, qui, en combattant, en dogmatisant, en mêlant mille personnages divers, en faisant le docteur et le prophète aussi-bien que le soldat et le capitaine, vit qu'il avait tellement enchanté le monde qu'il était regardé de toute l'armée comme un chef envoyé de Dieu pour la protection de l'indépendance, commença à s'apercevoir qu'il pouvait encore les pousser plus loin.*

Cette phrase comprend huit propositions : une principale absolue, une principale relative, une incidente explicative, et cinq incidentes déterminatives.

*Ceux-ci, occupés du premier objet.... allaient toujours, sans regarder :* voilà une proposition principale absolue. Le sujet est *ceux-ci*. Il est simple, parce qu'il n'offre à l'esprit qu'une seule idée ; il est complexe, parce qu'il a pour modificatif *occupés du premier objet*. L'attribut est *allant*. Il est simple, parce qu'il n'indique qu'une manière d'être du sujet; il est complexe, parce qu'il a pour compléments circonstanciels *toujours, sans regarder*.

*Qui les avait transportés :* cette proposition est incidente déterminative. Le sujet est *qui* (pour *premier objet*). Il est simple, parce qu'il exprime une idée unique; il est incomplexe, parce qu'il n'a point de modificatif. L'attribut est *transportant* (36, 37 et 38). Il est simple, parce qu'il ne présente qu'une manière d'être du sujet : il est complexe, parce qu'il a pour complément objectif *les* (pour *eux*, ceux-ci).

*Qu'ils allaient à la servitude ;* c'est encore une proposition incidente déterminative. Le sujet est *ils* (pour *ceux-ci*). Il est simple, parce qu'il ne présente qu'une seule idée; il est incomplexe, parce qu'il n'est accompagné d'aucun modificatif. L'attribut est *allant*. Il est simple, parce qu'il n'indique qu'une manière d'être du sujet; il est complexe, parce qu'il a pour complément terminatif, *à la servitude*.

*Et leur subtil conducteur... commença à s'apercevoir :* voilà une proposition principale relative. Le sujet est *conducteur*. Il est simple, parce qu'il présente à l'esprit un être déterminé par une idée unique; il est complexe, parce qu'il a pour modificatifs *leur*, *subtil*, *qui vit que*, etc. L'attribut est *commençant*. Il est simple, parce qu'il n'exprime qu'une manière d'être du

sujet; il est complexe, parce qu'il a pour complément terminatif *à s'apercevoir.*

*Qui, en combattant, en dogmatisant, en mêlant
mille personnages divers, en faisant le docteur et le
prophète aussi-bien que le soldat et le capitaine,
vit....* Cette proposition est incidente explicative. Le
sujet est *qui* (pour *conducteur*). Il est simple, parce
qu'il tient la place d'un être déterminé par une idée
unique; il est incomplexe, parce qu'il n'a point de
modificatif. L'attribut est *voyant.* Il est simple, parce
qu'il n'offre à l'esprit qu'une manière d'être du sujet;
il est complexe, parce qu'il a pour déterminatif,
*qu'il avait enchanté, etc.,* et pour complément circonstanciel, *en combattant, en dogmatisant, en mélant, etc., en faisant, etc.*

*Il avait tellement enchanté le monde;* cette proposition est incidente déterminative. Le sujet est *il,* qui
rappelle l'idée de *conducteur.* Il est simple, parce qu'il
désigne un être unique; il est incomplexe, parce qu'il
n'a point de modificatif. L'attribut est *enchantant.* Il
est simple, parce qu'il ne présente qu'une manière
d'être du sujet; il est complexe, parce qu'il a pour
complément objectif, *le monde,* et pour complément circonstanciel, *tellement qu'il était regardé, etc.*

*Qu'il était regardé de toute l'armée comme un chef
envoyé de Dieu pour la protection de l'indépendance;*
cette proposition est incidente déterminative. Le sujet
est *il* (pour *subtil conducteur*). Il est simple, parce
qu'il exprime un être unique; il est incomplexe, parce
qu'il n'est accompagné d'aucun modificatif. L'at-

tribut est *regardé*. Cet attribut est simple, parce qu'il ne nous présente qu'une manière d'être du sujet ; il est complexe, parce qu'il a pour complément terminatif *de toute l'armée*, et pour complément circonstanciel, *comme un chef envoyé de Dieu pour l aprotection de l'indépendance*.

*Qu'il pouvait encore les pousser plus loin :* voilà une proposition incidente déterminative. Le sujet est *il* (pour *conducteur*). Il est simple, parce qu'il ne désigne qu'un seul être ; il est incomplexe, parce qu'il n'a point de modificatif. L'attribut est *pouvant*. Il est simple, parce qu'il n'indique qu'une manière d'être du sujet ; il est complexe, parce qu'il a pour complément terminatif *pousser* (*les*) *plus loin*, et pour complément circonstanciel l'adverbe *encore*.

## VINGT-TROISIÈME EXERCICE.

Je ne vous raconterai pas la suite trop fortunée de ses entreprises, ni ses fameuses victoires, dont la vertu était indignée, ni cette longue tranquillité qui a étonné l'univers. C'était le conseil de Dieu d'instruire les rois à ne point quitter son église. Il voulait découvrir par un grand exemple tout ce que peut l'hérésie, combien elle est naturellement indocile et indépendante, combien fatale à la royauté et à toute autorité légitime. Au reste, quand ce grand Dieu a choisi quelqu'un pour être l'instrument de ses desseins, rien n'en arrête le cours; ou il enchaîne, ou il aveugle, ou il dompte tout ce qui est capable de résistance... Voyez comme les temps sont marqués, comme les générations sont comptées : Dieu détermine jusqu'à quand doit durer l'assoupissement, et quand aussi se doit réveiller le monde.

## ANALYSE.

*Je ne vous raconterai point la suite trop fortunée de ses entreprises, ni ses fameuses victoires, dont la vertu était indignée, ni cette longue tranquillité qui a étonné l'univers.*

Cette phrase renferme trois propositions, savoir, une principale, une incidente explicative, et une incidente déterminative.

*Je ne vous raconterai point la suite trop fortunée de ses entreprises, ni ses fameuses victoires, ni cette longue tranquillité..., etc.* Voilà une proposition principale. Le sujet est *je*. Il est simple, parce qu'il désigne un être déterminé par une idée unique ; il est incomplexe, parce qu'il n'a point de modificatif. L'attribut est *racontant*. Il est simple, parce qu'il ne présente qu'une manière d'être du sujet ; il est complexe, parce qu'il a pour complément objectif *la suite trop fortunée de ses entreprises, ni ses fameuses victoires, ni cette longue tranquillité..., etc.*

*Dont la vertu était indignée ;* cette proposition est incidente explicative. Le sujet est *vertu*. Il est simple, parce qu'il exprime une idée unique ; il est incomplexe, parce qu'il n'a point de modificatif. L'attribut est *indignée*. Il est simple, parce qu'il n'indique qu'une manière d'être du sujet ; il est complexe, parce qu'il a pour complément terminatif *dont*, pour *de lesquelles* (victoires).

*Qui a étonné l'univers*; c'est une proposition incidente déterminative. Le sujet est *qui* (pour *longue tranquillité*). Il est simple, parce qu'il n'offre à l'esprit qu'une seule idée; il est incomplexe, parce qu'il n'est accompagné d'aucun modificatif. L'attribut est *étonnant*. Il est simple, parce qu'il n'exprime qu'une manière d'être du sujet; il est complexe, parce qu'il a pour complément objectif *l'univers*.

*C'était le conseil de Dieu d'instruire les rois à ne point quitter son église.*

Cette phrase ne nous donne qu'une seule proposition, qui est principale. Nous la ramenons à celle-ci : *ceci*, savoir l'action *d'instruire les rois à ne point quitter son église, était le conseil de Dieu*. Le sujet est *ce, ceci*. Il est simple, parce qu'il exprime une idée unique; il est complexe, parce qu'il a pour déterminatif *d'instruire les rois à ne point quitter son église*. L'attribut est *conseil*. Il est simple, parce qu'il n'indique qu'une manière d'être du sujet; il est complexe, parce qu'il a pour complément déterminatif *de Dieu*.

*Il voulait découvrir par un grand exemple tout ce que peut l'hérésie, combien elle est naturellement indocile et indépendante, combien fatale à la royauté et à toute autorité légitime.*

Cette phrase comprend quatre propositions : une principale, et trois incidentes déterminatives.

*Il voulait découvrir par un grand exemple tout ce...* *combien... combien, etc.* Cette proposition est principale. Le sujet est *il*, qui tient la place de *Dieu*. Il est simple, parce qu'il désigne un être déterminé par une idée unique ; il est incomplexe, parce qu'il n'est accompagné d'aucun modificatif. L'attribut est *voulant*. Il est simple, parce qu'il ne nous présente qu'une manière d'être du sujet ; il est complexe, parce qu'il a pour complément objectif *découvrir par un grand exemple tout ce... combien... combien...*

*Que peut l'hérésie :* voilà une proposition incidente déterminative. Le sujet est *hérésie*. Il est simple, parce qu'il n'offre à l'esprit qu'une seule idée ; il est incomplexe, parce qu'il n'a point de modificatif. L'attribut est *pouvant*. Il est simple, parce qu'il n'indique qu'une manière d'être du sujet ; il est complexe, parce qu'il a pour complément terminatif *faire* ( sousent. ) *que* pour *ce*.

*Combien elle est naturellement indocile et indépendante ;* cette proposition, suite de la précédente, est incidente déterminative. Le sujet est *elle* ( pour *l'hérésie* ). Il est simple, parce qu'il exprime une idée unique ; il est incomplexe, parce qu'il n'a point de modificatif. L'attribut est *indocile et indépendante*. Cet attribut est composé, parce qu'il comprend deux manières d'être qui peuvent convenir séparément au même sujet ; il est complexe, parce qu'il a pour modificatifs les adverbes *combien, naturellement*.

*Combien* ( elle est ) *fatale à la royauté et à toute autorité légitime ;* cette proposition, suite des deux précédentes, est encore incidente déterminative. Le sujet est *elle* ( pour *l'hérésie* ). Il est simple, parce qu'il ne présente qu'une seule idée ; il est incomplexe, parce qu'il n'a point de modificatif. L'attribut est *fatale*. Il est simple, parce qu'il n'exprime qu'une manière d'être du sujet ; il est complexe, parce qu'il a pour complément terminatif, *à la royauté et à toute autorité légitime*, et pour modificatif l'adv. *combien*.

*Au reste, quand ce grand Dieu a choisi quelqu'un pour être l'instrument de ses desseins, rien n'en arrête le cours ; ou il enchaîne, ou il aveugle, ou il dompte tout ce qui est capable de résistance.*

Cette phrase est composée de six propositions, savoir, d'une principale absolue, de trois principales relatives, et de deux incidentes déterminatives.

*Au reste, rien n'en arrête le cours ;* cette proposition est principale absolue. Le sujet est *rien*. Il est simple, parce qu'il exprime une idée unique ; il est incomplexe, parce qu'il n'est accompagné d'aucun modificatif. L'attribut est *arrétant*. Il est simple, parce qu'il ne présente qu'une manière d'être du sujet ; il est complexe, parce qu'il a pour complément objectif *le cours* ( *en*, des desseins ) , et pour complément déterminatif, *quand Dieu a choisi*, etc.

*Quand ce grand Dieu a choisi quelqu'un pour être l'instrument de ses desseins :* voilà une proposition incidente déterminative. Le sujet est *Dieu*. Il est simple, parce qu'il désigne un être déterminé par une idée unique ; il est complexe, parce qu'il a pour modificatifs les adjectifs *ce et grand.* L'attribu*t* est *choisissant.* Cet attribut est simple ; parce qu'i*l* n'indique qu'une manière d'être du sujet ; il est complexe, parce qu'il a pour complément objectif *quelqu'un*, et pour complément terminatif, *pour être l'instrument de ses desseins*.

*Ou il enchaîne tout ce...* Cette proposition est principale relative. Le sujet est *il*, qui rappelle l'idée de *Dieu*. Il est simple, parce qu'il exprime un être unique ; il est incomplexe, parce qu'il n'est accompagné d'aucun modificatif. L'attribut est *enchaînant*. Il est simple, parce qu'il ne nous présente qu'une manière d'être du sujet ; il est complexe, parce qu'il a pour complément objectif *tout ce*.

*Ou il aveugle tout ce...* C'est une proposition principale relative. Le sujet est *il*, qui tient la place de *Dieu*. Il est simple, parce qu'il désigne un être unique ; il est incomplexe, parce qu'il n'a point de modificatif. L'attribut est *aveuglant*. Il est simple, parce qu'il n'offre à l'esprit qu'une manière d'être du sujet ; il est complexe, parce qu'il a pour complément objectif *tout ce*.

*Ou il dompte tout ce...* C'est encore une proposition principale relative. Le sujet est *il*, qui tient la place de *Dieu*. Il est simple, parce qu'il désigne un être unique ; il est incomplexe, parce qu'il n'a point de modificatif. L'attribut est *domptant*. Il est simple, parce qu'il n'énonce qu'une manière d'être du sujet ; il est complexe, parce qu'il a pour complément objectif *tout ce*.

*Qui est capable de résistance :* voilà une proposition incidente déterminative. Le sujet est *qui* (pour *ce*). Il est simple, parce qu'il ne présente qu'une idée ; il est incomplexe, parce qu'il n'est accompagné d'aucun modificatif. L'attribut est *capable*. Il est simple, parce qu'il n'exprime qu'une manière d'être du sujet ; il est complexe, parce qu'il a pour complément terminatif *de résistance*.

*Voyez comme les temps sont marqués, comme les générations sont comptées : Dieu détermine jusqu'à quand doit durer l'assoupissement, et quand aussi se doit réveiller le monde.*

Cette phrase renferme six propositions : une principale absolue, une principale relative, et quatre incidentes déterminatives.

*Voyez...* Cette proposition est principale absolue. Le sujet est *vous* ( vous, soyez voyant ). Ce sujet est simple, parce qu'il exprime une idée unique ; il est incomplexe, parce qu'il n'a aucun modificatif. L'attribut est *voyant*. Il est simple, parce qu'il n'offre à l'esprit qu'une seule manière d'être du sujet ; il est complexe, parce qu'il a pour complément objectif *ce*, savoir, *comme les temps sont marqués, comme les générations sont comptées.*

*Comme les temps sont marqués ;* cette proposition est incidente déterminative. Le sujet est *temps*. Il est simple, parce qu'il exprime une idée unique ; il est incomplexe, parce qu'il n'est accompagné d'aucun modificatif. L'attribut est *marqués*. Il est simple, parce qu'il n'indique qu'une manière d'être du sujet ; il est complexe, parce qu'il est modifié par l'adverbe *comme*.

*Comme les générations sont comptées ;* cette proposition, suite de la précédente, est encore incidente
déterminative. Le sujet est *générations*. Il est simple,
parce qu'il ne présente qu'une seule idée ; il est incomplexe, parce qu'il n'a point de modificatif. L'attribut est *comptées*. Il est simple, parce qu'il n'énonce
qu'une manière d'être du sujet ; il est complexe,
parce qu'il est modifié par l'adverbe *comme*.

*Dieu détermine :* voilà une proposition principale
relative. Le sujet est *Dieu*. Il est simple, parce qu'il
désigne un être déterminé par une idée unique ; il
est incomplexe, parce qu'il n'est accompagné d'aucun
modificatif. L'attribut est *déterminant*. Il est simple,
parce qu'il n'exprime qu'une manière d'être du sujet ;
il est complexe, parce qu'il a pour complément objectif *ce*, savoir, *jusqu'à quand doit durer, et quand, etc.*

*Jusqu'à quand doit durer l'assoupissement ;* c'est
une proposition incidente déterminative. Le sujet est
*assoupissement*. Il est simple, parce qu'il exprime
une idée unique ; il est incomplexe, parce qu'il n'a
point de modificatif. L'attribut est *devant*. Il est
simple, parce qu'il n'offre à l'esprit qu'une manière
d'être du sujet ; il est complexe, parce qu'il a pour
complément objectif *durer (jusqu'à quand)*...

*Et quand aussi se doit réveiller le monde ;* cette
proposition, suite de la précédente, est pareillement
incidente déterminative. Le sujet est *monde*. Il est
simple, parce qu'il n'exprime qu'une seule idée ;
il est incomplexe, parce qu'il n'est accompagné
d'aucun modificatif. L'attribut est *devant*. Cet attribut

est simple, parce qu'il *n'indique* qu'une manière d'être du sujet ; il est complexe, parce qu'il a pour complément objectif *se réveiller* (*quand*, *aussi*).

## VINGT-QUATRIÈME EXERCICE.

Un homme, nommé Zopire, très habile physionomiste, se piquait, d'après l'examen de la conformation et de la figure d'une personne, de distinguer ses mœurs et ses passions dominantes. Ayant un jour considéré Socrate, il jugea que ce ne pouvait être qu'un homme d'un mauvais esprit, et livré à des penchants vicieux, dont il nomma quelques-uns. Alcibiade, l'ami et le disciple de Socrate, qui connaissait tout le mérite de son maître, ne put s'empêcher de rire du jugement du physionomiste, et de le taxer d'une profonde ignorance. Mais Socrate avoua qu'il avait réellement reçu de la nature des dispositions à touts les vices qu'on venait de lui reprocher, et qu'il ne s'en était préservé que par les efforts continuels de sa raison.

## ANALYSE.

*Un homme, nommé Zopire, très habile physionomiste, se piquait, d'après l'examen de la conformation et de la figure d'une personne, de distinguer ses mœurs et ses passions dominantes.*

Cette phrase nous donne une proposition principale. Le sujet est *homme*. Ce sujet est simple, parce qu'il présente un être déterminé par une idée unique ; il est complexe, parce qu'il a pour déterminatif, *nommé Zopire*, et pour modificatifs, *un*, et *très habile physionomiste*. L'attribut est *piquant*. Il est simple, parce qu'il n'indique qu'une manière d'être du sujet; il est complexe, parce qu'il a pour complément objectif *se*, et pour complément terminatif, *de distinguer les mœurs et les passions dominantes, d'après l'examen de la conformation et de la figure d'une personne*.

*Ayant un jour considéré Socrate, il jugea que ce ne pouvait être qu'un homme d'un mauvais esprit, et livré à des penchants vicieux, dont il nomma quelques-uns.*

Cette phrase comprend trois propositions : une principale, une incidente déterminative, et une incidente explicative.

*Ayant un jour considéré Socrate, il jugea...* Voilà une proposition principale. Le sujet est *il* pour *un homme* (Zopire). Il est simple, parce qu'il désigne un être unique; il est *incomplexe*, parce qu'il n'a point de modificatif. L'attribut est *jugeant*. Il est *simple*, parce qu'il ne nous présente qu'une manière d'être du sujet; il est *complexe*, parce qu'il est déterminé par cette proposition, *que ce ne pouvait être, etc.*, et qu'il est modifié par ces mots, *ayant un jour considéré Socrate*.

*Que ce ne pouvait être qu'un homme d'un mauvais esprit, et livré à des penchants vicieux :* voilà une proposition incidente déterminative. Le sujet est *ce*, pour *Socrate*. Il est simple, parce qu'il nous présente un être déterminé par une idée unique; il est incomplexe, parce qu'il n'est accompagné d'aucun modificatif. L'attribut est *pouvant*. Il est simple, parce qu'il n'indique qu'une manière d'être du sujet; il est complexe, parce qu'il a pour complément terminatif *être un homme d'un mauvais esprit, et livré à des penchants vicieux*.

*Dont il nomma quelques-uns* ; c'est une proposition incidente explicative. Le sujet est *il* ( pour *Zopire* ). Il est simple, parce qu'il ne désigne qu'un seul être; il est incomplexe, parce qu'il n'a point de modificatif. L'attribut est *nommant*. Il est simple, parce qu'il n'énonce qu'une manière d'être du sujet; il est complexe, parce qu'il a pour complément direct *quelques-uns* ( *dont*, pour *de lesquels*, penchants vicieux ).

*Alcibiade, l'ami et le disciple de Socrate, qui connaissait tout le mérite de son maître, ne put s'empêcher de rire du jugement du physionomiste, et de le taxer d'une profonde ignorance.*

Cette phrase comprend deux propositions : une principale, et une incidente explicative.

*Alcibiade, l'ami et le disciple de Socrate, ne put s'empêcher de rire du jugement du physionomiste, et de le taxer d'une profonde ignorance* : voilà une proposition principale. Le sujet est *Alcibiade*. Il est simple, parce qu'il présente à l'esprit un être déterminé par une idée unique; il est complexe, parce qu'il a pour modificatifs, *l'ami et le disciple de Socrate, qui connaissait, etc.* L'attribut est *pouvant*. Il est simple, parce qu'il n'indique qu'une manière d'être du sujet; il est complexe, parce qu'il a pour complément terminatif *s'empêcher de rire du jugement du physio-nomiste, et de le taxer d'une profonde ignorance*·

*Qui connaissait tout le mérite de son maître ;* cette proposition est incidente explicative. Le sujet est *qui* ( pour *Alcibiade* ). Il est simple, parce qu'il exprime un être unique ; il est incomplexe, parce qu'il n'a point de modificatif. L'attribut est *connais-sant.* Il est simple, parce qu'il n'énonce qu'une manière d'être du sujet ; il est complexe, parce qu'il a pour complément objectif *tout le mérite de son maître.*

*Mais Socrate avoua qu'il avait réellement reçu de la nature des dispositions à touts les vices qu'on venait de lui reprocher, et qu'il ne s'en était préservé que par les efforts continuels de sa raison.*

Cette phrase renferme quatre propositions : une principale, et trois incidentes déterminatives.

*Mais Socrate avoua ;* c'est une proposition principale. Le sujet est *Socrate.* Il est simple, parce qu'il présente à l'esprit un être déterminé par une idée unique ; il est incomplexe, parce qu'il n'est accompagné d'aucun modificatif. L'attribut est *avouant.* Il est simple, parce qu'il n'exprime qu'une manière d'être du sujet ; il est complexe, parce qu'il a pour déterminatif *qu'il avait réellement reçu..., et qu'il ne s'était préservé, etc.*

*Qu'il avait réellement reçu de la nature des dispo-sitions à touts les vices...* Voilà une proposition inci-dente déterminative. Le sujet est *il* ( pour *Socrate* ). Il est simple, parce qu'il ne désigne qu'un seul être ;

il est incomplexe, parce qu'aucun modificatif ne s'y trouve joint. L'attribut est *recevant*. Il est simple, parce qu'il ne présente qu'une manière d'être du sujet; il est complexe, parce qu'il a pour complément objectif *des dispositions à touts les vices*; pour complément terminatif, *de la nature*; et pour complément circonstanciel, *réellement*.

*Qu'on venait de lui reprocher;* cette proposition est incidente déterminative. Le sujet est *on*. Il est simple, parce qu'il ne présente qu'une seule idée; il est incomplexe, parce qu'il n'a point de modificatif. L'attribut est *venant*. Il est simple, parce qu'il n'énonce qu'une manière d'être du sujet; il est complexe, parce qu'il a pour complément terminatif *de lui reprocher* ( *que* ).

*Et qu'il ne s'en était préservé que par les efforts continuels de sa raison;* c'est encore une proposition incidente déterminative. Le sujet est *il*, qui tient la place de *Socrate*. Il est simple, parce qu'il désigne un être unique; il est incomplexe, parce qu'il n'est accompagné d'aucun modificatif. L'attribut est *préservant* ( Le verbe est *réfléchi*. Il faut changer *s'était préservé*, en *avait préservé lui*, ou *avait été préservant lui* ) (Gramm., p. 158). Cet attribut est simple, parce qu'il n'offre à l'esprit qu'une manière d'être du sujet; il est complexe, parce qu'il a pour complément objectif *se* ( pour *lui* ); pour complément terminatif, *en* ( *de ces vices* ); et pour complément circonstanciel, *par les efforts continuels de sa raison*.

# VINGT-CINQUIÈME EXERCICE.

## LE CORBEAU ET LE RENARD.

### FABLE.

Maître Corbeau, sur un arbre perché,
    Tenait en son bec un fromage.
Maître Renard, par l'odeur alléché,
    Lui tint à peu près ce langage :
    Hé! bonjour, monsieur du Corbeau!
Que vous êtes joli! Que vous me semblez beau !
    Sans mentir, si votre ramage
    Se rapporte à votre plumage,
Vous êtes le phénix des hôtes de ces bois.
A ces mots, le Corbeau ne se sent pas de joie,
    Et, pour montrer sa belle voix,
Il ouvre un large bec, laisse tomber sa proie.
Le Renard s'en saisit, et dit : Mon bon monsieur,
    Apprenez que tout flatteur
Vit aux dépens de celui qui l'écoute :
Cette leçon vaut bien un fromage sans doute.
    Le Corbeau, honteux et confus,
Jura, mais un peu tard, qu'on ne l'y prendrait plus.

### ANALYSE.

*Maître Corbeau, sur un arbre perché,*
*Tenait en son bec un fromage.*

Cette phrase nous fournit une proposition principale. Le sujet est *Corbeau*. Il est simple, parce qu'il présente un être déterminé par une idée unique;

il est complexe, parce qu'il a pour modificatifs *maître* et *perché sur un arbre*. L'attribut est *tenant*. Il est simple, parce qu'il n'indique qu'une manière d'être du sujet; il est complexe, parce qu'il a pour complément objectif *un fromage*, et pour complément terminatif, *en son bec*.

    *Maître Renard, par l'odeur alléché,*
      *Lui tint à peu près ce langage :*
      *Hé! bonjour, monsieur du Corbeau!*

Cette phrase renferme deux propositions : une principale absolue, et une principale relative. Nous ne parlons point de l'interjection *hé!*, qui équivaut à une proposition entière, mais que nous ne soumettons point à l'analyse. Cette interjection équivaut à la proposition : *à propos de ce que je vous vois,* je vous souhaite, etc. (30 et 31).

*Maître Renard, par l'odeur alléché, lui tint à peu près ce langage :* voilà une proposition principale absolue. Le sujet est *Renard*. Il est simple, parce qu'il ne désigne qu'un seul être; il est complexe, parce qu'il a pour modificatifs, *maître,* et *alléché par l'odeur*. L'attribut est *tenant*. Il est simple, parce qu'il n'offre à l'esprit qu'une manière d'être du sujet; il est complexe, parce qu'il a pour complément objectif *ce langage;* pour complément terminatif, *lui* (pour *à lui*); et pour complément circonstanciel, *à peu près*.

(Je vous souhaite le) *bonjour, monsieur du Corbeau;* cette proposition est principale relative. Le sujet est *je* (pour *Renard*). Il est simple, parce qu'il exprime un être unique; il est incomplexe, parce qu'il n'a point de modificatif. L'attribut est *souhaitant* (*donnant*). Cet attribut est simple, parce qu'il n'indique qu'une manière d'être du sujet; il est complexe, parce qu'il a pour complément direct le *bonjour*, et pour complément indirect, *vous* (pour *à vous*). Les mots, *monsieur du Corbeau*, placés en apostrophe, ne contribuent point à rendre l'attribut complexe ( 29 ).

*Que vous êtes joli !* Voilà une proposition principale. Le sujet est *vous*, qui tient la place de *Corbeau*. Il est simple, parce qu'il ne désigne qu'un seul être; il est incomplexe, parce qu'il n'est accompagné d'aucun modificatif. L'attribut est *joli*. Il est simple, parce qu'il n'exprime qu'une manière d'être du sujet; il est complexe, parce qu'il a pour modificatif l'adverbe de quantité *que* (pour *combien*).

*Que vous me semblez beau !* C'est encore une proposition principale. Le sujet est *vous* ( pour *Corbeau* ). Il est simple, parce qu'il indique un être déterminé par une idée unique; il est incomplexe, parce qu'il n'a point de modificatif. L'attribut est *semblant beau* ( 34 ). Cet attribut est simple, parce qu'il n'énonce qu'une manière d'être du sujet; il est complexe, parce qu'il a pour complément terminatif *me* ( pour *à moi* ), et pour modificatif, *que* (pour *combien*).

 *Sans mentir, si votre ramage*
 *Se rapporte à votre plumage,*
*Vous êtes le phénix des hôtes de ces bois.*

Cette phrase est composée de deux propositions; savoir, d'une proposition principale, et d'une proposition incidente déterminative.

*Sans mentir, vous êtes le phénix des hôtes de ces bois ;* cette proposition est principale. Le sujet est *vous* (pour *Corbeau*). Il est simple, parce qu'il présente à l'esprit un être déterminé par une idée unique ; il est incomplexe, parce qu'aucun modificatif ne s'y trouve joint. L'attribut est *phénix*. Il est simple, parce qu'il n'indique qu'une manière d'être du sujet ; il est complexe, parce qu'il a pour déterminatif *des hôtes de ces bois*, et pour complément circonstanciel, *sans mentir*, et qu'il est encore déterminé par la proposition suivante :

*Si votre ramage se rapporte à votre plumage ;* cette proposition est incidente déterminative. Le sujet est *ramage*. Il est simple, parce qu'il n'exprime qu'une seule idée ; il est complexe, parce qu'il a pour modificatif l'adjectif possessif *votre*. L'attribut est *rapporté* (*convenant en rapport*). Cet attribut est simple, parce qu'il ne présente qu'une manière d'être du sujet ; il est complexe, parce qu'il a pour complément terminatif à *votre plumage*.

*A ces mots, le Corbeau ne se sent pas de joie ;*
*Et, pour montrer sa belle voix ,*
*Il ouvre un large bec, laisse tomber sa proie.*

Cette phrase comprend trois propositions : une principale absolue, et deux principales relatives.

*A ces mots , le Corbeau ne se sent pas de joie :* voilà une proposition principale absolue. Le sujet est *Corbeau*. Il est simple, parce qu'il ne désigne qu'un seul être ; il est incomplexe, parce qu'il n'a point de modificatif. L'attribut est *sentant*. Il est simple, parce qu'il n'exprime qu'une manière d'être du sujet; il est complexe, parce qu'il a pour complément objectif le pronom réfléchi *se*; pour complément terminatif, *de joie*; et pour complément circonstanciel, *à ces mots.*

*Et il ouvre un large bec, pour montrer sa belle voix;* c'est une proposition principale relative. Le sujet est *il* ( pour *Corbeau* ). Il est simple, parce qu'il rappelle l'idée d'un être unique; il est incomplexe, parce qu'il n'est accompagné d'aucun modificatif. L'attribut est *ouvrant.* Il est simple, parce qu'il ne marque qu'une seule manière d'être du sujet; il est complexe, parce qu'il a pour complément objectif *un large bec*, et pour complément circonstanciel, indiquant le but, la tendance, *pour montrer sa belle voix.*

( Il ) *laisse tomber sa proie;* c'est encore une proposition principale relative. Le sujet est *il* ( censé répété pour *Corbeau* ). Il est simple, parce qu'il désigne un être unique; il est incomplexe, parce qu'il n'a point de modificatif. L'attribut est *laissant.* Il est simple, parce qu'il ne présente qu'une manière d'être du sujet; il est complexe, parce qu'il a pour complément objectif *sa proie*, et pour complément terminatif, ( dans cet état ) *tomber.*

*Le Renard s'en saisit, et dit : Mon bon monsieur,*
*Apprenez que tout flatteur*
*Vit aux dépens de celui qui l'écoute.*
*Cette leçon vaut bien un fromage sans doute.*

Cette phrase est composée de six propositions,

savoir , d'une principale absolue , d'une principale relative , et de quatre incidentes déterminatives.

*Le Renard s'en saisit* : voilà une proposition principale absolue. Le sujet est *Renard*. Il est simple , parce qu'il désigne un être unique ; il est incomplexe , parce qu'il n'est accompagné d'aucun modificatif. L'attribut est *se saisissant*. Il est simple , parce qu'il n'exprime qu'une manière d'être du sujet ; il est complexe , parce qu'il a pour complément terminatif *en* ( d'elle , de la *proie*).

*Et* (il) *dit;* cette proposition est principale relative. Le sujet est *il* (censé répété , et rappelant l'idée de *Renard*). Il est simple, parce qu'il n'offre à l'esprit qu'un seul être ; il est incomplexe, parce qu'il n'a point de modificatif. L'attribut est *disant*. Il est simple, parce qu'il ne marque qu'une manière d'être du sujet ; il est complexe , parce qu'il a pour déterminatifs, *apprenez que....,* et *cette leçon vaut bien* , etc.

*Mon bon monsieur, apprenez....* C'est une proposition incidente déterminative. Le sujet est *vous* ( vous , soyez apprenant ). Ce sujet est simple , parce qu'il n'exprime qu'une idée ; il est incomplexe, parce qu'il n'a point de modificatif. L'attribut est *apprenant.* Il est simple, parce qu'il n'énonce qu'une manière d'être du sujet; il est complexe, parce qu'il a pour déterminatif *que tout flatteur vit aux dépens,* etc.

*Que tout flatteur vit aux dépens de celui...* Cette proposition est incidente déterminative. Le sujet est *flatteur.* Il est simple, parce qu'il désigne un être unique; il est complexe, parce que l'adjectif *tout* le qualifie et le détermine. L'attribut est *vivant.* Il est simple, parce qu'il ne présente qu'une manière d'être du sujet; il est complexe, parce qu'il a pour complément terminatif *aux dépens de celui qui, etc.*

*Qui l'écoute ;* cette proposition est incidente déterminative. Le sujet est *qui* (pour *celui*). Il est simple, parce qu'il n'offre à l'esprit qu'une seule idée; il est incomplexe, parce qu'aucun modificatif n'y est joint. L'attribut est *écoutant.* Il est simple, parce qu'il n'indique qu'une manière d'être du sujet; il est complexe, parce qu'il a pour complément objectif *le* (pour *flatteur*).

*Cette leçon vaut bien un fromage sans doute ;* c'est encore une proposition incidente déterminative. Le sujet est *leçon.* Il est simple, parce qu'il n'exprime qu'une idée; il est complexe, parce que l'adjectif démonstratif *cette* le qualifie et le détermine. L'attribut est *valant.* Il est simple, parce qu'il n'indique qu'une manière d'être du sujet; il est complexe, parce qu'il a pour complément terminatif *un fromage* ( Analyse grammaticale, p. 174 ), et pour compléments circonstanciels, les adverbes *bien*, et *sans doute.*

> *Le Corbeau, honteux et confus,*
> *Jura, mais un peu tard, qu'on ne l'y prendrait plus.*

Cette phrase renferme deux propositions : une principale, et l'autre incidente déterminative.

*Le Corbeau, honteux et confus, jura, mais un peu tard....* Voilà une proposition principale. Le sujet est *Corbeau.* Il est simple, parce qu'il désigne un être déterminé par une idée unique ; il est complexe, parce qu'il a pour modificatifs *honteux* et *confus.* L'attribut est *jurant.* Cet attribut est simple, parce qu'il n'exprime qu'une manière d'être du sujet ; il est complexe, parce qu'il a pour complément circonstanciel *mais un peu tard*, et pour déterminatif, *qu'on ne l'y prendrait plus.*

*Qu'on ne l'y prendrait plus ;* cette proposition est incidente déterminative. Le sujet est *on.* Il est simple, parce qu'il n'offre à l'esprit qu'une idée ; il est incomplexe, parce qu'il n'a point de modificatif. L'attribut est *prenant.* Il est simple, parce qu'il n'énonce qu'une manière d'être du sujet ; il est complexe, parce qu'il a pour complément objectif *le* (pour *lui*) ; pour complément terminatif, *y* (à cela) ; et pour complément circonstanciel, l'adverbe *ne plus*, qui marque cessation.

## VINGT-SIXIÈME EXERCICE.

Alexandre fit passer toute son armée jusqu'à la ville de Tarse, où elle arriva précisément dans le temps que les Perses y mettaient le feu, de peur que l'ennemi ne profitât du butin d'une ville si opulente. Mais Parménion, que le roi y avait envoyé avec quelque cavalerie, y arriva fort à propos pour empêcher l'embrasement, et entra dans la ville qu'il avait sauvée, les barbares ayant pris la fuite au premier bruit de son arrivée.

A travers cette ville passe le Cydnus, rivière moins renommée pour la grandeur de son canal que pour la beauté de ses eaux, qui sont extrêmement claires, mais aussi extrêmement froides, à cause de l'ombrage dont ses rives sont couvertes.

## ANALYSE.

*Alexandre fit passer toute son armée jusqu'à la ville de Tarse, où elle arriva précisément dans le temps que les Perses y mettaient le feu, de peur que l'ennemi ne profitât du butin d'une ville si opulente.*

Cette phrase renferme quatre propositions, savoir, une principale, une incidente explicative, et deux incidentes déterminatives.

*Alexandre fit passer toute son armée jusqu'à la ville de Tarse :* voilà la proposition principale. Le sujet est *Alexandre.* Il est simple, parce qu'il exprime un être déterminé par une idée unique ; il est incomplexe, parce qu'il n'est accompagné d'aucun modificatif. L'attribut est *faisant passer* (55). Il est simple, parce qu'il n'exprime qu'une seule manière d'être du sujet ; il est complexe, parce qu'il a pour complément objectif *toute son armée,* et pour complément terminatif, *jusqu'à la ville de Tarse.*

*Où elle arriva précisément dans le temps ;* c'est une proposition incidente explicative. Le sujet est *elle* (pour *l'armée*). Il est simple, parce qu'il exprime une idée unique; il est incomplexe , parce qu'il n'est modifié par aucun qualificatif ni déterminatif. L'attribut est *arrivant*. Il est simple, parce qu'il n'exprime qu'une seule manière d'être du sujet; il est complexe, parce qu'il a pour compléments *dans le temps*, ce qui exprime une circonstance; l'adverbe *où*, qui marque la situation; et cet autre adverbe, *précisément*, qui marque la manière.

*Que les Perses y mettaient le feu* : voilà une proposition incidente déterminative. Son sujet est *les Perses*. Il est simple, parce qu'il n'exprime qu'une seule idée; il est incomplexe, parce qu'il n'est accompagné d'aucun modificatif. L'attribut est *mettant*. Il est simple, parce qu'il n'exprime qu'une seule manière d'être du sujet; il est complexe, parce qu'il a pour complément objectif *le feu*, et pour complément terminatif le pronom relatif *y*, qui rappelle l'idée de *la ville de Tarse*.

*De peur que l'ennemi ne profitât du butin d'une ville si opulente* ; c'est une proposition incidente déterminative. Le sujet est *l'ennemi*. Il est simple, parce qu'il énonce une idée unique; il est incomplexe, parce qu'il n'est accompagné d'aucun modificatif. L'attribut est *profitant*. Il est simple, parce qu'il ne représente qu'une manière d'être du sujet; et il est complexe, parce qu'il a pour complément termina- tif *du butin d'une ville si opulente*.

*Mais Parménion, que le roi y avait envoyé avec quelque cavalerie, y arriva fort à propos pour empê- cher l'embrasement, et entra dans la ville qu'il avait* sauvée, les barbares ayant pris la fuite au premier bruit de son arrivée.

Il y a dans cette phrase quatre propositions : deux principales, une incidente explicative, et une incidente déterminative.

*Mais Parménion y arriva fort à propos pour empêcher l'embrasement :* voilà une proposition principale absolue. Son sujet est *Parménion.* Il est simple, parce qu'il exprime un être déterminé par une idée unique ; il est complexe, parce qu'il a pour modificatif *que le roi y avait envoyé.* L'attribut est *arrivant.* Il est simple, parce qu'il n'exprime qu'une manière d'être du sujet ; il est complexe, parce qu'il est modifié par la locution adverbiale *fort à propos,* et qu'il a pour compléments terminatifs, le pronom relatif *y,* et, *pour empêcher l'embrasement.*

*Que le roi y avait envoyé avec quelque cavalerie ;* c'est une proposition incidente explicative. Le sujet est *le roi.* Il est simple, parce qu'il n'exprime qu'un seul être ; et il est incomplexe, parce qu'il n'est accompagné d'aucun modificatif. L'attribut est *envoyant* (36, 37 et 38). Il est simple, parce qu'il n'exprime qu'une manière d'être du sujet ; il est complexe, à cause du complément objectif *que,* qui réveille l'idée de *Parménion ;* du complément terminatif, *y ;* et du complément circonstanciel, *avec quelque cavalerie.*

*Et* (il) *entra dans la ville :* voilà une proposition principale relative. Le sujet est *il* (pour *Parménion*). Il est simple, parce qu'il exprime un être déterminé par une idée unique ; il est incomplexe, parce qu'il n'a pas de modificatif. L'attribut est *entrant*. Il est simple, parce qu'il n'exprime qu'une seule manière d'être du sujet; il est complexe, parce qu'il a pour complément terminatif, *dans la ville*.

*Qu'il avait sauvée, les barbares ayant pris la fuite au premier bruit de son arrivée;* c'est une proposition incidente déterminative. Son sujet est *il*, qui rappelle l'idée de *Parménion*. Il est simple, parce qu'il désigne un être déterminé par une idée unique; il est incomplexe, parce qu'il n'est accompagné d'aucun modificatif. L'attribut est *sauvant*. Il est simple, parce qu'il n'énonce qu'une manière d'être du sujet, et complexe, parce qu'il a un complément objectif, *que*, représentant *la ville*, et un complément circonstanciel, *les barbares ayant pris la fuite au premier bruit de son arrivée*.

*A travers cette ville passe le Cydnus, rivière moins renommée pour la grandeur de son canal que pour la beauté de ses eaux, qui sont extrêmement claires, mais aussi extrêmement froides, à cause de l'ombrage dont ses rives sont couvertes.*

Il y a dans cette phrase trois propositions : une principale, une incidente explicative, et une incidente déterminative.

*A travers cette ville passe le Cydnus, rivière moins renommée pour la grandeur de son canal que pour la beauté de ses eaux* : voilà une proposition principale. Son sujet est *le Cydnus*. Il est simple, parce qu'il représente un seul objet; il est complexe, à cause du modificatif *rivière moins renom-*

mée pour la grandeur de son canal que pour la beauté de ses eaux. L'attribut est *passant*. Il est simple, parce qu'il n'offre qu'une seule manière d'être du sujet; il est complexe, parce qu'il a un complément terminatif, *à travers cette ville*.

*Qui sont extrêmement claires, mais aussi extrêmement froides, à cause de l'ombrage, etc.* C'est une proposition incidente explicative. Le sujet est *qui*, représentant *les eaux*. Il est simple, parce qu'il n'exprime qu'une seule idée; il est incomplexe, parce qu'il n'a aucun complément explicatif ni déterminatif. L'attribut est *claires, mais aussi froides*. Il est composé, parce qu'il représente deux manières d'être du sujet; il est complexe, parce qu'il est modifié par l'adverbe *extrêmement*, qui accompagne chaque attribut, et par les mots, *à cause de l'ombrage*, qui tombent sur le second, et l'adv. *aussi*.

*Dont ses rives sont couvertes;* c'est une proposition incidente déterminative. Le sujet est *rives*. Il est simple, parce qu'il ne représente qu'une seule idée; il est complexe, à cause de l'adjectif possessif *ses*. L'attribut est *couvertes*. Il est simple, parce qu'il n'exprime qu'une manière d'être du sujet; et complexe, parce qu'il a pour complément terminatif, le pronom relatif *dont*, pour *duquel* (ombrage).

## VINGT-SEPTIÈME EXERCICE.

On était alors vers la fin de l'été, dont les chaleurs sont très grandes en Cilicie. C'était encore au plus chaud du jour; et, comme le roi arrivait tout

couvert de sueur et de poussière , voyant cette eau
si claire et si belle , il lui prit envie de s'y baigner.
Il n'y fut pas si tôt entré, qu'il se sentit saisi d'un
frisson si grand qu'on crut qu'il allait mourir. On
l'emmena dans sa tente , ayant perdu toute connaissance. La consternation fut générale dans tout le camp.

## ANALYSE.

*On était alors vers la fin de l'été , dont les chaleurs
sont très grandes en Cilicie.*

Il y a dans cette phrase deux propositions, savoir:
une principale , et une incidente explicative.

*On était alors vers la fin de l'été ;* cette proposition
est principale. Le sujet est *on.* Il est simple , parce
qu'il exprime une idée unique ; il est incomplexe ,
parce qu'il n'a point de modificatif. L'attribut est *parvenu* (non énoncé). Il est simple, parce qu'il n'exprime
qu'une manière d'être du sujet; il est complexe ,
parce qu'il est modifié par l'adverbe *alors* , et par le
complément terminatif *vers la fin de l'été.*

*Dont les chaleurs sont très grandes en Cilicie:*
voilà une proposition incidente explicative. Le sujet
est *chaleurs.* Il est simple , parce qu'il n'exprime
qu'une seule idée ; complexe , parce qu'il a un complément déterminatif, *dont* (pour *de l'été*). L'attribut
est *grandes.* Il est simple, parce qu'il n'énonce qu'une
manière d'être du sujet; il est complexe , parce qu'il
est modifié par l'adverbe *très* , et accompagné d'un
complément circonstanciel , *en Cilicie.*

*C'était encore au plus chaud du jour ; et , comme*

*le roi arrivait tout couvert de sueur et de poussière ,
voyant cette eau si claire et si belle , il lui prit envie
de s'y baigner.*

Il y a dans cette phrase trois propositions : deux
principales, l'une absolue , l'autre relative , et la
troisième, incidente explicative.

*C'était encore au plus chaud du jour :* voilà une
proposition principale absolue. Son sujet est *ce*
(pour *ceci*). Il est simple , parce qu'il exprime une
seule idée ; il est complexe , parce qu'il est accompagné du déterminatif, *au plus chaud du jour* (*ceci,
ce temps, au plus chaud du jour était encore*).
L'attribut est *existant*. Cet attribut est simple ,
parce qu'il n'exprime qu'une seule manière d'être
du sujet ; et complexe , parce qu'il est modifié par
l'adverbe *encore*.

*Et... voyant cette eau si claire et si belle, il lui prit
envie de s'y baigner :* voilà une proposition principale
relative. Le sujet de cette proposition est *il* (*ceci,
savoir*) *l'envie de s'y baigner.* Il est simple , parce
qu'il ne présente qu'une seule idée ; il est complexe ,
à cause du complément déterminatif *l'envie de s'y
baigner.* L'attribut est *prenant.* Il est simple , parce
qu'il n'exprime qu'une manière d'être du sujet ; il est
complexe, à cause de son complément terminatif,
*à lui , voyant cette eau si claire et si belle.*

*Comme le roi arrivait tout couvert de sueur et de
poussière ;* c'est une proposition incidente explicative, qui a pour sujet *roi.* Ce sujet est simple , parce
qu'il exprime un être déterminé par une seule idée ;

il est incomplexe, parce qu'il n'a point de modificatif.
L'attribut est *arrivant*. Il est simple, parce qu'il n'exprime qu'une manière d'être du sujet ; et complexe,
parce qu'il a pour complément circonstanciel , (dans
cet état *lui*) *tout couvert de sueur et de poussière*.

*Il n'y fut pas si tôt entré, qu'il se sentit saisi d'un
frisson si grand qu'on crut qu'il allait mourir.*

Il y a dans cette phrase quatre propositions : une
principale, et trois incidentes déterminatives.

*Il n'y fut pas si tôt entré*; c'est une proposition
principale. Le sujet est *il* (pour *le roi*). Il est simple,
parce qu'il exprime un être déterminé par une *idée*
unique ; il est incomplexe, parce qu'il n'est accompagné d'aucun modificatif. L'attribut est *entré*. Cet
attribut est simple , parce qu'il n'exprime qu'une manière d'être du sujet ; il est complexe , parce qu'il
est modifié par l'adverbe *si tôt*, et qu'il a un complément terminatif, le pronom relatif *y*, et qu'il est
encore déterminé par la proposition qui suit :

*Qu'il se sentit saisi d'un frisson si grand :* voilà
une proposition incidente déterminative. Le sujet est
*il*, qui rappelle l'idée du *roi*. Ce sujet est simple ,
parce qu'il présente à l'esprit un être déterminé par
une idée unique; il est incomplexe, parce qu'il n'a
pas de modificatif. L'attribut est *sentant*. Il est
simple, parce qu'il n'énonce qu'une manière d'être
du sujet; il est complexe, parce qu'il a pour complément objectif *se* (lui), *saisi d'un frisson si grand*.

*Qu'on crut*; c'est encore une proposition incidente
déterminative. Le sujet est *on*. Il est simple , parce
qu'il exprime une idée unique; il est incomplexe, parce

qu'il n'a point de modificatif. L'attribut est *croyant.* Il est simple, parce qu'il ne présente à l'esprit qu'une seule manière d'être du sujet ; il est complexe, parce qu'il a pour complément déterminatif *qu'il allait mourir.*

*Qu'il allait mourir ;* cette proposition est également incidente déterminative. Le sujet est *il.* Il est simple, parce qu'il ne renferme qu'un seul être ; il est incomplexe, parce qu'il n'est accompagné d'aucun modificatif. L'attribut est *allant.* Il est simple, parce qu'il n'offre qu'une manière d'être du sujet ; il est complexe à cause de son complément terminatif, *à cette chose, à cet état,* (savoir) *mourir.*

*On l'emmena dans sa tente, ayant perdu toute connaissance.*

Cette phrase renferme une proposition principale. Le sujet est *on.* Il est simple, parce qu'il n'exprime qu'une seule idée ; il est incomplexe, parce qu'il n'a pas de modificatif. L'attribut est *emmenant.* Il est simple, parce qu'il ne représente qu'une manière d'être du sujet ; et complexe, à cause de son complément objectif *le* (lui) *ayant perdu toute connaissance,* et du compl. terminatif *dans sa tente.*

*La consternation fut générale dans tout le camp.*

Nous trouvons dans cette phrase une proposition principale. Le sujet est *la consternation.* Il est simple, parce qu'il offre à l'esprit une idée unique ; il est incomplexe, parce qu'il n'est accompagné d'aucun modificatif. L'attribut est *générale.* Il est simple, parce qu'il ne présente qu'une manière d'être du su-

jet; il est complexe, à cause du complément terminatif *dans tout le camp.*

## VINGT-HUITIÈME EXERCICE.

Ils fondaient touts en larmes, et se plaignaient
« de ce que le plus grand roi qui eût jamais été leur
« était ravi au milieu de ses prospérités et de ses
« conquêtes, non dans une bataille ou dans un
« assaut de ville, mais pour s'être baigné dans une
« rivière; que Darius, près d'arriver, se trouverait
« vainqueur avant que d'avoir vu l'ennemi; qu'ils
« seraient contraints de se retirer comme fugitifs
« par les mêmes pays par où ils étaient venus triom-
« phants; et que, rencontrant par-tout des lieux ra-
« vagés ou déserts, la faim seule, quand ils n'au-
« raient point d'autre ennemi à combattre, suffirait
« pour les faire périr. »

## ANALYSE.

*Ils fondaient touts en larmes, et se plaignaient de ce
que le plus grand roi qui eût jamais été leur était ravi
au milieu de ses prospérités et de ses conquêtes, non
dans une bataille ou dans un assaut de ville, mais
pour s'être baigné dans une rivière.*

Nous trouvons dans cette phrase quatre propositions, savoir, deux principales, et deux incidentes
déterminatives.

*Ils fondaient touts en larmes :* voilà une proposition principale absolue, dont le sujet est *ils* (pour
les soldats *d'Alexandre.*) Ce sujet est simple, parce

qu'il énonce une idée unique ; il est complexe, parce qu'il a pour modificatif l'adjectif *touts*. L'attribut est *fondant*. Il est simple, parce qu'il n'exprime qu'une manière d'être du sujet ; et complexe, parce qu'il a pour complément terminatif *en larmes*.

*Et* (ils) *se plaignaient de ce*, etc. C'est une proposition principale relative. Son sujet est *ils*. Il est simple, parce qu'il n'offre à l'esprit qu'une idée ; il est incomplexe, parce qu'il n'a aucun modificatif. L'attribut est *plaignant*. Cet attribut est simple, parce qu'il n'énonce qu'une manière d'être du sujet ; et il est complexe, parce qu'il a pour complément objectif *se*, et pour complément déterminatif, *de ce que*, etc.

*Que le plus grand roi... leur était ravi au milieu de ses prospérités et de ses conquêtes, non dans une bataille ou dans un assaut de ville, mais pour s'être baigné dans une rivière :* voilà une proposition incidente déterminative. Le sujet est *roi*. Il est simple, parce qu'il indique un être déterminé par une idée unique ; il est complexe, parce qu'il a un modificatif, *le plus grand*, etc. L'attribut est *ravi*. Il est simple, parce qu'il ne présente à l'esprit qu'une seule manière d'être du sujet ; et il est complexe, parce qu'il a pour complément terminatif *leur* (pour *à eux*), et pour compléments circonstanciels, *au milieu de ses prospérités et de ses conquêtes, non dans une bataille ou dans un assaut de ville, mais pour s'être baigné dans une rivière.*

*Qui eût jamais été ;* c'est une proposition incidente déterminative. Le sujet est *qui* ( pour *roi* ).

Ce sujet est simple, parce qu'il offre un être unique; il est incomplexe, parce qu'il n'a point de modificatif. L'attribut est *existant*. Il est simple, parce qu'il n'exprime qu'une manière d'être du sujet; et il est complexe, à cause de l'adverbe *jamais*, qui le modifie.

*Que Darius, près d'arriver, se trouverait vainqueur avant que d'avoir vu l'ennemi;* proposition incidente déterminative. La proposition principale, *ils disaient*, est censée la précéder. Le sujet est *Darius*. Il est simple, parce qu'il représente un être déterminé par une idée unique; il est complexe, à cause du complément circonstanciel *près d'arriver*. L'attribut est *trouvant*. Il est simple, parce qu'il n'exprime qu'une manière d'être du sujet; et il est complexe, parce qu'il a pour complément objectif *se*; pour complément terminatif, ( dans cet état, lui ) *vainqueur*; et pour complément circonstanciel, *avant que d'avoir vu l'ennemi*.

*Qu'ils seraient contraints de se retirer comme fugitifs par les mêmes pays par où ils étaient venus triomphants; et que, rencontrant par-tout des lieux ravagés ou déserts, la faim seule, quand ils n'auraient point d'autre ennemi à combattre, suffirait pour les faire périr.*

Cette phrase comprend quatre propositions incidentes déterminatives.

*Qu'ils seraient contraints de se retirer comme fugitifs par les mêmes pays....* Voilà une proposition incidente déterminative. La proposition principale, *ils disaient*, est sous-entendue. Le sujet est *ils*. Il est simple, parce qu'il n'offre qu'une seule idée ; incomplexe, parce qu'il n'a point de modificatif. L'attribut est *contraints*. Cet attribut est simple, parce qu'il n'énonce qu'une manière d'être du sujet ; il est complexe, parce qu'il a pour complément terminatif *de se retirer comme fugitifs par les mêmes pays*, etc.

*Par où ils étaient venus triomphants ;* c'est une proposition incidente déterminative. Le sujet est *ils*. Il est simple, parce qu'il représente une idée unique ; il est incomplexe, parce qu'il n'a point de modificatif. L'attribut est *venant*. Il est simple, parce qu'il n'offre qu'une manière d'être du sujet ; il est complexe à cause du complément terminatif *par où*, et du complément circonstanciel, ( dans cet état, eux ) *triomphants*.

*Et que, rencontrant par-tout des lieux ravagés et déserts, la faim seule... suffirait pour les faire périr ;* proposition incidente déterminative. Le sujet est *la faim*. Il est simple, parce qu'il exprime une idée unique ; il est complexe, à cause du modificatif *seule*. L'attribut est *suffisant*. Il est simple, parce qu'il ne présente qu'une manière d'être du sujet ; il est complexe, parce qu'il a un complément terminatif, *pour les faire périr, ( pour faire périr eux ) rencontrant par-tout des lieux ravagés et déserts.*

*Quand ils n'auraient point d'autre ennemi à combattre ;* c'est une proposition incidente déterminative. Le sujet est *ils*. Il est simple, parce qu'il ne présente qu'une seule idée ; et incomplexe , parce qu'il n'a point de modificatif. L'attribut est *ayant*. Il est simple , parce qu'il n'indique qu'une manière d'être du sujet ; il est complexe, parce qu'il a pour complément objectif *d'autre ennemi à combattre*.

## VINGT-NEUVIÈME EXERCICE.

Cependant le roi reprenait ses esprits ; et , peu à peu revenant à lui , il reconnaissait ceux qui étaient autour de lui, quoique son mal ne semblât s'être relâché qu'en ce qu'il commençait à le sentir. Mais l'esprit était encore plus agité que le corps n'était malade ; car il avait nouvelles que Darius pourrait bientôt arriver. Il ne cessait de se plaindre de sa destinée, qui le livrait sans défense à son ennemi, et lui dérobait une si belle victoire , le réduisant à mourir dans une tente, d'une mort obscure, et bien éloignée de cette gloire qu'il s'était promise.

## ANALYSE.

*Cependant le roi reprenait ses esprits ; et , peu à peu revenant à lui , il reconnaissait ceux qui étaient autour de lui , quoique son mal ne semblât s'être relâché qu'en ce qu'il commençait à le sentir.*

Il y a dans cette phrase cinq propositions, savoir, une principale absolue , une principale relative, deux incidentes déterminatives , et une incidente explicative.

*Cependant le roi reprenait ses esprits :* voilà une proposition principale absolue. Le sujet est *le roi.* Ce sujet est simple, parce qu'il exprime un être déterminé par une idée unique; il est incomplexe, parce qu'il n'est accompagné d'aucun modificatif. L'attribut est *reprenant.* Il est simple, parce qu'il n'énonce qu'une manière d'être du sujet; et il est complexe, à cause du complément objectif *ses esprits.*

*Et, peu à peu revenant à lui, il reconnaissait ceux....* Cette proposition est principale relative. Le sujet est *il.* Il est simple, parce qu'il n'énonce qu'une seule idée; il est complexe, parce qu'il a pour modificatif *peu à peu revenant à lui.* L'attribut est *reconnaissant.* Il est simple, parce qu'il n'exprime qu'une manière d'être du sujet; il est complexe, à cause de son complément objectif *ceux.*

*Qui étaient autour de lui;* c'est une proposition incidente déterminative. Le sujet est *qui* pour *ceux.* Il est simple, parce qu'il n'exprime qu'une seule idée; et il est incomplexe, parce qu'il n'est accompagné d'aucun modificatif. L'attribut est *assemblés* (sous-entendu). Il est simple, parce qu'il n'offre à l'esprit qu'une manière d'être du sujet; il est complexe, à cause du complément terminatif, *autour de lui.*

*Quoique son mal ne semblât s'être relâché....* Cette proposition est incidente explicative. Le sujet est *son mal.* Il est simple, parce qu'il exprime une seule idée; il est complexe, à cause de l'adjectif possessif *son*. L'attribut est *semblant*. Il est simple, parce qu'il n'exprime qu'une manière d'être du sujet ; il est complexe, à cause du complément terminatif, *s'être relâché*, et de cet autre, *qu'en ce qu'il commençait*, etc.

*En ce qu'il commençait à le sentir;* c'est une proposition incidente déterminative. Son sujet est *il*, qui rappelle l'idée du *roi*. Ce sujet est simple, parce qu'il exprime un être déterminé par une idée unique ; il est incomplexe, parce qu'il n'a point de modificatif. L'attribut est *commençant*. Il est simple, parce qu'il n'exprime qu'une manière d'être du sujet ; il est complexe, à cause du complément terminatif, *à le sentir*.

*Mais l'esprit était encore plus agité que le corps n'était malade ; car il avait nouvelles que Darius pourrait bientôt arriver.*

Il y a dans cette phrase quatre propositions, savoir, une principale absolue, une principale relative, et deux incidentes déterminatives.

*Mais l'esprit était encore plus agité...* C'est une proposition principale absolue. Le sujet est *l'esprit.* Il est simple, parce qu'il n'énonce qu'une seule idée ; il est incomplexe, parce qu'il n'a aucun modificatif. L'attribut est *agité.* Il est simple, parce qu'il ne représente qu'une manière d'être du sujet ; et il est complexe, parce qu'il est modifié par les adverbes *encore plus.*

*Que le corps n'était malade ;* proposition incidente déterminative. Le sujet est *le corps.* Il est simple, parce qu'il exprime une idée unique; il est incomplexe, parce qu'il n'a point de modificatif. L'attribut est *malade*. Il est simple, parce qu'il n'exprime qu'une manière d'être du sujet; il est incomplexe, parce qu'il n'a aucun modificatif.

*Car il avait nouvelles que...* Voilà une proposition principale relative. Le sujet est *il*, qui rappelle l'idée du *roi*. Ce sujet est simple, parce qu'il offre à l'esprit un être déterminé par une idée unique; il est incomplexe, parce qu'il n'est accompagné d'aucun modificatif. L'attribut est *ayant*. Cet attribut est simple, parce qu'il n'exprime qu'une manière d'être du sujet; il est complexe, à cause de son complément objectif *nouvelles*.

*Que Darius pourrait bientôt arriver;* c'est une proposition incidente déterminative. Le sujet est *Darius*. Il est simple, parce qu'il exprime un seul être; il est incomplexe, parce qu'il n'a point de modificatif. L'attribut est *pouvant*. Il est simple, parce qu'il ne présente qu'une manière d'être du sujet; il est complexe, parce qu'il a pour modificatif, l'adverbe *bientôt*, et pour complément terminatif, l'infinitif *arriver*.

*Il ne cessait de se plaindre de sa destinée, qui le livrait sans défense à son ennemi, et lui dérobait une si belle victoire, le réduisant à mourir dans une tente, d'une mort obscure, et bien éloignée de cette gloire qu'il s'était promise.*

Nous trouvons dans cette phrase quatre propositions : une principale, deux incidentes explicatives ; et une incidente déterminative.

*Il ne cessait de se plaindre de sa destinée :* voilà une proposition principale. Le sujet est *il* ( pour *le roi*). Il est simple, parce qu'il énonce une idée unique ; et incomplexe, parce qu'il n'est accompagné d'aucun modificatif. L'attribut est *cessant.* Il est simple, parce qu'il n'exprime qu'une manière d'être du sujet ; et il est complexe, parce qu'il a pour complément terminatif, *de se plaindre de sa destinée.*

*Qui le livrait sans défense à son ennemi ;* c'est une proposition incidente explicative. Le sujet est *qui* (pour *destinée*). Il est simple, parce qu'il exprime une seule idée ; il est incomplexe, parce qu'il n'a aucun modificatif. L'attribut est *livrant.* Il est simple, parce qu'il ne présente qu'une manière d'être du sujet ; il est complexe, parce qu'il a un complément objectif, *le ;* un complément terminatif, *à son ennemi ;* et un complément circonstanciel, *sans défense.*

*Et* (qui) *lui dérobait une si belle victoire, le réduisant à mourir dans une tente, d'une mort obscure, et bien éloignée de cette gloire...* C'est encore une proposition incidente explicative. Le sujet est *qui* (pour *destinée*). Il est simple, parce qu'il énonce une seule idée ; et incomplexe, parce qu'il n'a aucun modificatif. L'attribut est *dérobant.* Il est simple, parce qu'il n'exprime qu'une manière d'être du sujet ; et complexe, à cause du complément objectif, *une si belle victoire ;* du complément terminatif, *lui* (pour *à lui* ) ; et du complément circonstanciel , *le réduisant à mourir dans une tente , d'une mort obscure, et bien éloignée de cette gloire....*                              ɛ

*Qu'il s'était promise :* voilà une proposition incidente déterminative. Le sujet est *il* ( pour *Alexandre* ). Il est simple , parce qu'il présente à l'esprit un être déterminé par une idée unique ; il est incomplexe , parce qu'il n'est accompagné d'aucun modificatif. L'attribut est *promettant* ( le verbe est réfléchi ; c'est comme s'il y avait, *avait promis, avait été promettant à lui,* Traité de la Proposition, n<sup>os</sup> 36, 37 et 38). Il est simple, parce qu'il n'exprime qu'une manière d'être du sujet ; il est complexe, parce qu'il a pour complément objectif *que* ( *laquelle gloire* ), et pour complément terminatif, *se* ( pour *à lui* ).

## TRENTIÈME EXERCICE.

Ayant fait entrer ses confidents et ses médecins , — « Vous voyez, » leur dit-il, « dans quelle extré- « mité pressante la fortune me réduit. Il me semble « entendre déjà les armes ennemies, et voir arriver « Darius. Il était sans doute d'intelligence avec ma « mauvaise fortune , quand il écrivait à ses satrapes « des lettres si pleines de hauteur et de fierté à mon « égard. Mais il n'en est pas où il pense , pourvu que « l'on me traite à mon gré. »

## ANALYSE.

*Ayant fait entrer ses confidents et ses médecins ,*

*Vous voyez, leur dit-il, dans quelle extrémité pressante la fortune me réduit.*

Nous trouvons dans cette phrase trois propositions, savoir, une principale, une incidente explicative, et une incidente déterminative.

*Vous voyez :* voilà une proposition principale. Son sujet est *vous* ( pour *confidents et médecins* ). Il est simple, parce qu'il présente à l'esprit une seule idée ; il est incomplexe, parce qu'il n'est accompagné d'aucun modificatif. L'attribut est *voyant.* Il est simple, parce qu'il n'exprime qu'une manière d'être du sujet ; et il est complexe, parce qu'il est déterminé par la proposition, *dans quelle extrémité pressante la fortune me réduit.*

*Leur dit-il, ayant fait entrer ses confidents et ses médecins;* cette proposition est incidente explicative. Le sujet est *il* (pour *Alexandre.*) Ce sujet est simple, parce qu'il exprime une seule idée ; il est incomplexe, parce qu'il n'a pas de modificatif. L'attribut est *disant.* Il est simple, parce qu'il n'énonce qu'une manière d'être du sujet ; il est complexe, parce qu'il a pour complément terminatif, le pronom personnel *leur* ( à *eux* ), et pour complément circonstanciel, *ayant fait entrer ses confidents et ses médecins.*

*Dans quelle extrémité pressante la fortune me réduit;* proposition incidente déterminative. Le sujet est *fortune.* Il est simple, parce qu'il ne présente qu'une idée ; il est incomplexe, parce qu'il n'a pas de modificatif. L'attribut est *réduisant.* Il est simple, parce qu'il présente une seule manière d'être du sujet ; et complexe, à cause du complément objectif *me* (moi), et du complément terminatif *dans quelle extrémité pressante.*

*Il me semble entendre déjà les armes ennemies, et voir arriver Darius;* c'est une proposition principale. Le sujet est *il* (ceci). Ce sujet est simple, parce que, comme collectif, il ne présente qu'une idée; il est complexe, à cause des compléments déterminatifs qui l'accompagnent, *il* (ceci, savoir, *entendre déjà les armes ennemies, et voir arriver Darius*). L'attribut est *semblant*. Il est simple, parce qu'il n'exprime qu'une manière d'être du sujet; il est complexe, parce qu'il a un complément terminatif, *me* (pour *à moi*).

*Il était sans doute d'intelligence avec ma mauvaise fortune, quand il écrivait à ses satrapes des lettres si pleines de hauteur et de fierté à mon égard.*

Cette phrase contient deux propositions: une principale, et une incidente explicative.

*Il était sans doute d'intelligence avec ma mauvaise fortune;* proposition principale. Le sujet est *il* (pour *Darius*). Il est simple, parce qu'il exprime un être déterminé par une idée unique; il est incomplexe, parce qu'il n'a point de modificatif. L'attribut qui est sous-entendu, est *uni*. Cet attribut est simple parce qu'il ne présente qu'une manière d'être du sujet; il est complexe, à cause du modificatif, *sans doute*, et du complément terminatif, *d'intelligence avec ma mauvaise fortune*, et de cette proposition, marquant la circonstance, *quand il écrivait*, etc.

*Quand il écrivait à ses satrapes des lettres si pleines de hauteur et de fierté à mon égard ;* c'est une proposition incidente explicative, qui a pour sujet le pronom *il* ( pour *Darius* ). Ce sujet est simple, parce qu'il ne présente qu'un seul être ; il est incomplexe, parce qu'il n'est accompagné d'aucun modificatif. L'attribut est *écrivant*. Il est simple, parce qu'il n'énonce qu'une manière d'être du sujet ; et complexe, à cause du complément objectif, *des lettres si pleines*, etc., et du complément terminatif, *à ses satrapes*.

*Mais il n'en est pas où il pense, pourvu qu'on me traite à mon gré.*

Cette phrase renferme trois propositions : une principale, et deux incidentes déterminatives.

*Mais il n'en est pas où....* Voilà une proposition principale. Le sujet est *il*, qui rappelle l'idée de *Darius*. Ce sujet est simple, parce qu'il représente un être déterminé par une idée unique ; il est incomplexe, parce qu'il n'est accompagné d'aucun modificatif. L'attribut, qui est sous-entendu, est *parvenu*. Il est simple, parce qu'il n'exprime qu'une seule manière d'être du sujet ; il est complexe, parce qu'il a pour complément terminatif l'adverbe *où*, et pour complément circonstanciel, le pronom relatif *en*.

*Il pense ;* proposition incidente déterminative. Le sujet est *il* (pour *Darius*). Ce sujet est simple, parce qu'il ne présente qu'une seule idée ; il est incomplexe, parce qu'il n'a point de modificatif. L'attribut est *pensant*. Il est simple, parce qu'il n'énonce qu'une manière d'être du sujet; il est incomplexe, parce qu'il n'a ni complément ni modificatif énoncés.

*Pourvu qu'on me traite à mon gré*; c'est encore une proposition incidente déterminative. Le sujet est *on*. Il est simple, parce qu'il n'exprime qu'une seule idée; il est incomplexe, parce qu'il n'a point de modificatif. L'attribut est *traitant*. Il est simple, parce qu'il présente une seule manière d'être du sujet; et complexe, parce qu'il a un complément objectif, *me*, et un complément circonstanciel, *à mon gré*.

# TRENTE ET UNIÈME EXERCICE.

## LE RENARD ET LA CIGOGNE.

### FABLE.

Compère le Renard se mit un jour en frais,
Et retint à dîner commère la Cigogne.
Le régal fut petit et sans beaucoup d'apprêts :
Le galant, pour toute besogne,
Avait un brouet clair ; il vivait chichement.
Ce brouet fut par lui servi sur une assiette :
La Cigogne au long bec n'en put attraper miette ;
Et le drôle eut lapé le tout en un moment.
Pour se venger de cette tromperie,
A quelque temps de là, la Cigogne le prie.
Volontiers, lui dit-il ; car avec mes amis
Je ne fais point cérémonie.

## ANALYSE.

*Compère le Renard se mit un jour en frais,*
*Et retint à dîner commère la Cigogne.*

Nous trouvons ici deux propositions : une principale absolue , et une principale relative.

*Compère le Renard se mit un jour en frais* ; c'est la
proposition principale absolue. Le sujet est *Renard.*
Il est simple, parce qu'il exprime un être déterminé
par une idée unique ; il est complexe , à cause du
modificatif *compère.* L'attribut est *mettant.* Il est
simple, parce qu'il n'énonce qu'une manière d'être
du sujet ; il est complexe , parce qu'il a pour complément objectif le pronom réfléchi *se* ; pour complément terminatif, *en frais* ; et pour complément circonstanciel , *un jour.*

*Et* ( il ) *retint à dîner commère la Cigogne* ; c'est
la proposition principale relative. Le sujet est *il*
(pour *Renard*). Il est simple, parce qu'il ne désigne
qu'un seul être ; il est incomplexe, parce qu'il n'a
point de modificatif. L'attribut est *retenant.* Il est
simple, parce qu'il n'indique qu'une manière d'être
du sujet ; il est complexe , parce qu'il a pour complément objectif *commère la Cigogne* , et pour complément terminatif, *à dîner.*

*Le régal fut petit et sans beaucoup d'apprêts :*
*Le galant , pour toute besogne ,*
*Avait un brouet clair ; il vivait chichement.*

Cette phrase comprend trois propositions : une
principale absolue , et deux principales relatives.

*Le régal fut petit et* (fait) *sans beaucoup d'apprêts;* cette proposition est principale absolue. Le sujet est *régal.* Il est simple, parce qu'il n'offre à l'esprit qu'une idée; et incomplexe, parce qu'il n'est accompagné d'aucun modificatif. L'attribut est *petit et fait.* Cet attribut est composé, parce qu'il énonce deux manières d'être du sujet; il est complexe, parce que *fait* est modifié par ces mots, *sans beaucoup d'apprêts.*

*Le galant, pour toute besogne, avait un brouet clair;* c'est une proposition principale relative. Le sujet est *galant.* Il est simple, parce qu'il désigne un être déterminé par une idée unique; il est incomplexe, parce qu'il n'a point de modificatif. L'attribut est *ayant.* Il est simple, parce qu'il ne présente qu'une manière d'être du sujet; il est complexe, parce qu'il a pour complément direct *un brouet clair,* et pour complément terminatif, *pour toute besogne.*

*Il vivait chichement;* c'est encore une proposition principale relative. Le sujet est *il*, qui rappelle l'idée du *Renard.* Il est simple, parce qu'il ne désigne qu'un seul être; il est incomplexe, parce qu'il n'a point de modificatif. L'attribut est *vivant.* Il est simple, parce qu'il n'exprime qu'une manière d'être du sujet; il est complexe, à cause du modificatif *chichement.*

> *Ce brouet fut par lui servi sur une assiette :*
> *La Cigogne au long bec n'en put attraper miette;*
> *Et le drôle eut lapé le tout en un moment.*

Nous avons ici trois propositions : une principale absolue, et deux principales relatives.

*Ce brouet fut par lui servi sur une assiette :* voilà
une proposition principale absolue. Le sujet est *brouet*.
Il est simple, parce qu'il n'exprime qu'une idée ; il
est complexe, parce que l'adjectif démonstratif *ce* le
qualifie et le détermine. L'attribut est *servi*. Il est
simple, parce qu'il n'indique qu'une manière d'être
du sujet; il est complexe, parce qu'il a pour complément terminatif *par lui*, et pour complément circonstanciel *sur une assiette*.

*La Cigogne au long bec n'en put attraper miette ;*
cette proposition est principale relative. Le sujet est
*Cigogne.* Il est simple, parce qu'il ne présente qu'un
seul être ; il est complexe, parce qu'il a pour modificatif *au long bec*. L'attribut est *pouvant*. Il est simple,
parce qu'il n'énonce qu'une manière d'être du sujet;
il est complexe, parce qu'il a pour complément terminatif *attraper miette* ( du brouet) *en*.

*Et le drôle eut lapé le tout en un moment :* voilà
encore une proposition principale relative. Le sujet
est *drôle.* Il est simple, parce qu'il exprime un être
déterminé par une idée unique; il est incomplexe,
parce qu'il n'est accompagné d'aucun modificatif.
L'attribut est *lapant*. Il est simple, parce qu'il n'indique qu'une manière d'être du sujet ; il est complexe, parce qu'il a pour complément objectif *le
tout*, et pour complément circonstanciel, *en un
moment.*

> *Pour se venger de cette tromperie,*
> *A quelque temps de là, la Cigogne le prie.*

Cette phrase nous donne une proposition principale. Le sujet est *Cigogne*. Il est simple, parce qu'il indique un être unique ; il est incomplexe, parce qu'il n'est accompagné d'aucun modificatif. L'attribut est *priant*. Il est simple, parce qu'il n'offre qu'une manière d'être du sujet; il est complexe, parce qu'il a pour complément objectif *le* (pour *lui, le renard*) ; pour complément terminatif, *pour se venger de cette tromperie* ; et pour complément circonstanciel, *à quelque temps de là*.

> *Volontiers, lui dit-il, car avec mes amis*
> *Je ne fais point cérémonie.*

Il y a ici trois propositions : une principale absolue, une incidente explicative, et une principale relative.

(J'accepte) *volontiers :* voilà une proposition principale absolue. Le sujet est je ( pour *Renard*). Il est simple, parce qu'il ne désigne qu'un seul être ; il est incomplexe, parce qu'il n'a aucun modificatif. L'attribut est *acceptant*. Il est simple, parce qu'il n'indique qu'une manière d'être du sujet; il est complexe, à cause du modificatif *volontiers*.

*Lui dit-il,* c'est une proposition incidente explicative. Le sujet est *il* (pour *le Renard* ). Il est simple, parce qu'il exprime un être unique ; il est incomplexe, parce qu'il n'a point de modificatif. L'attribut est *disant*. Il est simple, parce qu'il n'offre à l'esprit qu'une manière d'être du sujet; il est complexe, parce qu'il a pour compl. terminatif *lui* pour *à elle.*

*Car avec mes amis, je ne fais point cérémonie ;* cette proposition est principale relative. Le sujet est *je* (pour *Renard*). Il est simple, parce qu'il ne désigne qu'un seul être ; il est incomplexe, parce qu'il n'a point de modificatif. L'attribut est *faisant.* Il est simple, parce qu'il n'énonce qu'une manière d'être du sujet ; il est complexe, parce qu'il a pour complément objectif *cérémonie*, et pour complément circonstanciel, *avec mes amis.*

## TRENTE-DEUXIÈME EXERCICE.

A l'heure dite, il courut au logis
De la Cigogne son hôtesse,
Loua très fort sa politesse,
Trouva le diner cuit à point :
Bon appétit sur-tout ; renards n'en manquent point.
Il se réjouissait à l'odeur de la viande
Mise en menus morceaux, et qu'il croyait friande.
On servit, pour l'embarrasser,
En un vase à long col et d'étroite embouchure.
Le bec de la Cigogne y pouvait bien passer ;
Mais le museau du sire était d'autre mesure.
Il lui fallut à jeun retourner au logis,
Honteux comme un renard qu'une poule aurait pris,
Serrant la queue, et portant bas l'oreille.

Trompeurs, c'est pour vous que j'écris ;
Attendez-vous à la pareille.

## ANALYSE.

*A l'heure dite , il courut au logis*
*De la Cigogne son hôtesse ,*
*Loua très fort sa politesse ,*
*Trouva le dîner cuit à point :*
*Bon appétit sur-tout ; renards n'en manquent point.*

Nous avons ici cinq propositions , savoir , une principale absolue , et quatre principales relatives.

*A l'heure dite , il courut au logis de la Cigogne son hôtesse ;* c'est une proposition principale absolue. Le sujet est *il*, qui rappelle l'idée du *Renard*. Il est simple , parce qu'il ne représente qu'un seul être ; il est incomplexe , parce qu'il n'a point de modificatif. L'attribut est *courant*. Cet attribut est simple, parce qu'il n'indique qu'une manière d'être du sujet ; il est complexe, parce qu'il a pour complément terminatif *au logis de la Cigogne son hôtesse*, et pour complément circonstanciel, *à l'heure dite*.

(*Il*) *loua très fort sa politesse :* voilà une proposition principale relative. Le sujet est *il*, censé répété pour tenir la place du *Renard*. Ce sujet est simple, parce qu'il désigne un être déterminé par une idée unique ; il est incomplexe , parce qu'il n'a aucun modificatif. L'attribut est *louant*. Il est simple , parce qu'il ne marque qu'une manière d'être du sujet ; il est complexe, parce qu'il a pour complément objectif *sa politesse*, et pour complément circonstanciel, *très fort*.

(Il) *trouva le dîner cuit à point;* cette proposition est principale relative. Le sujet est *il*, qui rappelle l'idée du *Renard* : simple, parce qu'il indique un être unique ; incomplexe, parce qu'il n'a point de modificatif. L'attribut est *trouvant*. Il est simple, parce qu'il n'énonce qu'une manière d'être du sujet ; et complexe, parce qu'il a pour complément objectif *le dîner cuit à point.*

(Il avait) *bon appétit sur-tout;* c'est une proposition principale relative. Le sujet est *il* ( pour *le Renard* ). Il est simple, parce qu'il n'indique qu'un seul être ; il est incomplexe, parce qu'il n'a point de modificatif. L'attribut est *ayant* (non énoncé). Cet attribut est simple, parce qu'il ne nous offre qu'une manière d'être du sujet ; il est complexe, parce qu'il a pour complément objectif *bon appétit,* et pour modificatif, l'adverbe *sur-tout.*

*Renards n'en manquent point;* c'est encore une proposition principale relative. Le sujet est *renards.* Il est simple, parce qu'il n'exprime qu'une idée ; il est incomplexe, parce qu'il n'est accompagné d'aucun modificatif. L'attribut est *manquant.* Il est simple, parce qu'il n'indique qu'une manière d'être du sujet ; il est complexe, parce qu'il a pour complément terminatif le pronom relatif *en,* (pour *de ceci, de bon appétit).*

    *Il se réjouissait à l'odeur de la viande*
    *Mise en menus morceaux, et qu'il croyait friande.*

Cette phrase nous fournit deux propositions : une principale, et une incidente explicative.

*Il se réjouissait à l'odeur de la viande mise en menus morceaux ;* c'est une proposition principale. Le sujet est *il,* qui rappelle l'idée du *Renard.* Il est simple, parce qu'il désigne un être unique ; il est incomplexe, parce qu'il n'a point de modificatif. L'attribut est *réjouissant.* Il est simple, parce qu'il n'exprime qu'une manière d'être du sujet ; il est complexe, parce qu'il a pour complément objectif le pronom *se,* et pour complément terminatif *à l'odeur de la viande mise en menus morceaux ,* et qu'il croyait, etc.

*Et qu'il croyait friande :* voilà une proposition incidente explicative. Le sujet est *il* ( pour *le Renard* ). Il est simple, parce qu'il exprime un être déterminé par une idée unique ; il est incomplexe, parce qu'il n'a aucun modificatif. L'attribut est *croyant.* Il est simple, parce qu'il ne présente qu'une manière d'être du sujet ; il est complexe, à cause du complément direct *que* pour *elle* (la viande) *friande.*

*On servit, pour l'embarrasser,*
*En un vase à long col et d'étroite embouchure.*

Cette phrase est composée d'une proposition principale. Le sujet est *on.* Il est simple, parce qu'il n'offre à l'esprit qu'une seule idée ; il est incomplexe, parce qu'il n'a point de modificatif. L'attribut est *servant.* Il est simple, parce qu'il n'énonce qu'une manière d'être du sujet ; il est complexe, parce qu'il a pour complément terminatif *en un vase à long col et d'étroite embouchure ,* et pour complément circonstanciel, *pour l'embarrasser.*

*Le bec de la Cigogne y pouvait bien passer,*
*Mais le museau du sire était d'autre mesure.*

On trouve ici deux propositions : une principale absolue, et l'autre principale relative.

*Le bec de la Cigogne y pouvait bien passer;* cette proposition est principale absolue. Le sujet est *bec.* Il est simple, parce qu'il n'exprime qu'une idée ; il est complexe, à cause du déterminatif, *de la Cigogne.* L'attribut est *pouvant.* Il est simple, parce qu'il n'indique qu'une manière d'être du sujet; il est complexe, parce qu'il a pour complément terminatif *y passer,* et pour modificatif, l'adverbe *bien.*

*Mais le museau du sire était* (fait) *d'autre mesure :* voilà une proposition principale relative. Le sujet est *museau.* Il est simple, parce qu'il présente une idée unique; il est complexe, parce qu'il a pour déterminatif, *du sire.* Son attribut est *fait* (ou *existant*). Cet attribut est simple, parce qu'il ne marque qu'une manière d'être du sujet; il est complexe, parce qu'il a pour complément terminatif *d'une autre mesure.*

*Il lui fallut à jeun retourner au logis,*
*Honteux comme un renard qu'une poule aurait pris,*
*Serrant la queue, et portant bas l'oreille.*

Cette phrase renferme deux propositions : l'une principale, et l'autre incidente déterminative.
*Il lui fallut à jeun retourner au logis, honteux comme un renard…, serrant la queue, et portant bas l'oreille ;* c'est la proposition principale. Nous la ramenons à celle-ci : *il* (cela, *retourner à jeun au logis*) fut *fallant à lui honteux comme un renard…,*

serrant la queue, et portant bas l'oreille. Le sujet est *il* (pour *cela*). Il est simple, parce qu'il ne présente qu'une seule idée ; il est complexe, parce qu'il a pour déterminatif *retourner à jeun au logis*. L'attribut est *fallant*. Cet attribut est simple, parce qu'il n'exprime qu'une manière d'être du sujet ; il est complexe, parce qu'il a pour complément terminatif, *à lui, honteux comme un renard..., serrant la queue, et portant bas l'oreille*.

*Qu'une poule aurait pris ;* cette proposition est incidente déterminative. Le sujet est *poule*. Il est simple, parce qu'il désigne un être déterminé par une idée unique ; il est complexe, parce que l'adjectif *une* le qualifie et le détermine. L'attribut est *prenant*. Il est simple, parce qu'il n'offre à l'esprit qu'une manière d'être du sujet ; il est complexe, parce qu'il a pour complément objectif *que* (pour *Renard*).

> *Trompeurs, c'est pour vous que j'écris ;*
> *Attendez-vous à la pareille.*

Nous avons ici trois propositions : une principale absolue, une principale relative, et une incidente déterminative.

*Trompeurs, c'est pour vous ;* voilà une proposition principale absolue. Le sujet est *ce* (pour *cela*). Il est simple, parce qu'il n'exprime qu'une idée ; il est complexe, parce qu'il a pour déterminatif *j'écris* (*ce*, cela, savoir, *j'écris*). L'attribut est *destiné* (cela, savoir, *j'écris*, est destiné *pour vous*). Cet attribut est simple, parce qu'il n'indique qu'une manière d'être du sujet; il est complexe, parce qu'il a pour complément terminatif *pour vous*. (Le mot *trompeurs*, placé en apostrophe, ne contribue point à rendre l'attribut complexe. — 29. )

*Que j'écris*; cette proposition est incidente déterminative. Le sujet est *je*. Il est simple, parce qu'il désigne un être unique; il est incomplexe, parce qu'il n'a point de modificatif. L'attribut est *écrivant*; simple, parce qu'il ne marque qu'une manière d'être du sujet; incomplexe, parce qu'aucun modificatif ne s'y trouve joint.

*Attendez-vous à la pareille*; c'est une proposition principale relative. Le sujet est *vous* (vous, soyez, etc.) Ce sujet est simple, parce qu'il n'énonce qu'une seule idée; il est incomplexe, parce qu'il n'a point de modificatif. L'attribut est *attendant*. Il est simple, parce qu'il n'indique qu'une manière d'être du sujet; il est complexe, parce qu'il a pour complément objectif *vous*, et pour complément terminatif, *à la pareille*.

## TRENTE-TROISIÈME EXERCICE.

Le lion, lorsqu'il a faim, attaque de face touts les animaux qui se présentent; mais, comme il est fort redouté, et que touts cherchent à éviter sa rencontre, il est souvent obligé de se cacher et de les attendre au passage : il se tapit sur le ventre dans un endroit fourré, d'où il s'élance avec tant de force qu'il les saisit souvent du premier bond. Dans les déserts et les forêts, sa nourriture la plus ordinaire sont les gazelles et les singes, quoiqu'il ne prenne ceux-ci que lorsqu'ils sont à terre; car il ne grimpe pas sur les arbres, comme le tigre ou le puma.

## ANALYSE.

*Le lion, lorsqu'il a faim, attaque de face touts les animaux qui se présentent; mais, comme il est fort redouté, et que touts cherchent à éviter sa rencontre, il est souvent obligé de se cacher et de les attendre au passage.*

Nous trouvons dans cette phrase six propositions : une principale absolue, une principale relative, deux incidentes déterminatives, et deux incidentes explicatives.

*Le lion... attaque de face touts les animaux...* C'est une proposition principale absolue. Le sujet est *le lion*. Il est simple, parce qu'il n'énonce qu'une seule idée; il est incomplexe, parce qu'il n'a pas de modificatif. L'attribut est *attaquant*. Il est simple, parce qu'il n'exprime qu'une manière d'être du sujet; et complexe, à cause du complément objectif, *touts les animaux*, et du complément circonstanciel, *de face*; et qu'il est déterminé par la proposition *lorsqu'il a faim*.

*Qui se présentent,* proposition incidente déterminative. Le sujet est *qui* (pour *animaux*); simple, parce qu'il n'exprime qu'une idée; incomplexe, parce qu'il n'a point de modificatif. L'attribut est *présentant*. Il est simple, parce qu'il n'indique qu'une manière d'être du sujet; et complexe, à cause du complément objectif *se*.

*Lorsqu'il a faim,* c'est encore une proposition incidente déterminative. Son sujet est *il*, qui rappelle l'idée du *lion.* Ce sujet est simple, parce qu'il ne présente à l'esprit qu'une seule idée ; il est incomplexe, parce qu'il n'est accompagné d'aucun modificatif. L'attribut est *ayant faim.* Cet attribut est simple, parce qu'il n'énonce qu'une manière d'être du sujet ; et incomplexe, parce qu'il n'a ni complément ni modificatif.

*Mais..... il est souvent obligé de se cacher et de les attendre au passage ;* proposition principale relative. Son sujet est *il*, qui tient la place de *lion.* Il est simple, parce qu'il présente à l'esprit un être déterminé par une idée unique ; il est incomplexe, parce qu'il n'a point de modificatif. L'attribut est *obligé.* Cet attribut est simple, parce qu'il n'exprime qu'une manière d'être du sujet ; et complexe, à cause du modificatif *souvent*, et des compléments terminatifs, *de se cacher*, *de les attendre au passage.*

*Comme il est fort redouté ;* c'est une proposition incidente explicative. Le sujet est *il*, représentant *le lion.* Ce sujet est simple, parce qu'il n'exprime qu'un seul être ; et incomplexe, parce qu'il n'est accompagné d'aucun modificatif. L'attribut est *redouté.* Il est simple, parce qu'il n'énonce qu'une manière d'être du sujet ; il est complexe, à cause de son modificatif *fort.*

*Et que touts cherchent à éviter sa rencontre ;* c'est encore une proposition incidente explicative. Le sujet est *touts* (pour *les animaux*). Il est simple, parce qu'il ne présente à l'esprit qu'une seule idée ; il est incomplexe, parce qu'il n'a aucun modificatif. L'attribut est *cherchant.* Il est simple, parce qu'il n'énonce qu'une manière d'être du sujet; et complexe, parce qu'il a un complément terminatif, *à éviter sa rencontre.*

*Il se tapit sur le ventre dans un endroit fourré, d'où il s'élance avec tant de force qu'il les saisit souvent du premier bond.*

Il y a dans cette phrase trois propositions, savoir, une principale, une incidente explicative, et une incidente déterminative.

*Il se tapit sur le ventre dans un endroit fourré,* cette proposition est principale. Le sujet est *il* ( pour *le lion* ). Il est simple, parce qu'il exprime un seul être ; il est incomplexe, parce qu'il n'est accompagné d'aucun modificatif. L'attribut est *tapi* ( il place lui *tapi* ). Cet attribut est simple, parce qu'il n'énonce qu'une manière d'être du sujet; il est complexe, parce qu'il a pour complément terminatif *sur le ventre,* et pour complément circonstanciel, *dans un endroit fourré.*

*D'où il s'élance avec tant de force....;* proposition incidente explicative. Le sujet est *il,* qui rappelle l'idée du *lion.* Ce sujet est simple, parce qu'il exprime un être déterminé par une idée unique; il est incomplexe, parce qu'il n'est accompagné d'aucun modificatif. L'attribut est *élançant.* Il est simple, parce qu'il n'énonce qu'une manière d'être du sujet; il est complexe, parce qu'il a pour complément objectif *se ( lui );* pour complément terminatif, *d'où;* et pour complément circonstanciel, *avec tant de force.*

*Qu'il les saisit souvent du premier bond;* c'est une proposition incidente déterminative. Le sujet est *il* (pour *le lion* ). Il est simple, parce qu'il exprime un être unique ; il est incomplexe, parce qu'il n'a aucun modificatif. L'attribut est *saisissant*. Il est simple, parce qu'il ne représente qu'une manière d'être du sujet ; il est complexe, parce qu'il a pour complément objectif *les* ( *eux* ) ; pour complément circonstanciel, *du premier bond* ; et pour modificatif, l'adverbe *souvent*.

*Dans les déserts et les forêts, sa nourriture la plus ordinaire sont les gazelles et les singes, quoiqu'il ne prenne ceux-ci que lorsqu'ils sont à terre ; car il ne grimpe pas sur les arbres, comme le tigre ou le puma.*

Cette phrase est composée de quatre propositions, savoir, d'une proposition principale absolue, d'une principale relative, d'une incidente explicative, et d'une incidente déterminative.

*Dans les déserts et les forêts, sa nourriture la plus ordinaire sont les gazelles et les singes ;* c'est une proposition principale absolue. Le sujet est *les gazelles et les singes*. Il est composé, parce qu'il comprend plusieurs êtres auxquels on peut donner séparément le même attribut ; il est incomplexe, parce qu'il n'a point de modificatif. L'attribut est *nourriture*. Il est simple, parce qu'il ne présente qu'une seule idée ; et il est complexe, à cause du modificatif *la plus ordinaire* ; du complément circonstanciel, *dans les bois et dans les forêts ;* et de l'adjectif possessif *sa* qui le qualifie et le détermine.

*Quoiqu'il ne prenne ceux-ci....* C'est une proposition incidente explicative. Le sujet est *il*, qui rappelle l'idée du *lion*. Il est simple, parce qu'il présente

un être déterminé par une idée unique ; il est incomplexe, parce qu'il n'est accompagné d'aucun modificatif. L'attribut est *prenant*. Cet attribut est simple ;
parce qu'il n'exprime qu'une manière d'être du sujet ;
il est complexe, à cause de son complément objectif,
*ceux-ci* ( *les singes* ).

*Que lorsqu'ils sont à terre ;* cette proposition est
incidente déterminative. Son sujet est *ils* ( pour *les
singes*). Ce sujet est simple ; parce qu'il ne présente
qu'une seule idée ; il est incomplexe, parce qu'il n'a
pas de modificatif. L'attribut, qui est sous-entendu,
est *placés.* Il est simple, parce qu'il n'énonce qu'une
manière d'être du sujet ; il est complexe, à cause de
son complément terminatif, *à terre.*

*Car il ne grimpe pas sur les arbres,* comme *le
tigre ou le puma :* voilà une proposition principale
relative. Le sujet est *il*, qui rappelle l'idée du *lion.*
Ce sujet est simple, parce qu'il ne représente qu'un
seul être ; il est incomplexe, parce qu'il n'est accompagné d'aucun modificatif. L'attribut est *grimpant.*
Il est simple, parce qu'il n'exprime qu'une manière
d'être du sujet ; et il est complexe, parce qu'il a pour
complément terminatif, *sur les arbres,* et pour complément circonstanciel, *comme le tigre ou le puma.*

## TRENTE-QUATRIÈME EXERCICE.

La démarche ordinaire du lion est fière, grave, et
lente, quoique toujours oblique : sa course ne se fait
pas par des mouvements égaux, mais par sauts et par
bonds ; et ses mouvements sont si brusques, qu'il ne peut

s'arrêter à l'instant, et qu'il passe presque toujours son but. Lorsqu'il saute sur sa proie, il fait un bond de douze ou quinze pieds, tombe dessus, la saisit avec les pattes de devant, la déchire avec les ongles, et ensuite la dévore avec les dents. Tant qu'il est jeune et qu'il a de la légèreté, il vit du produit de sa chasse, et quitte rarement ses déserts et ses forêts, où il trouve assez d'animaux sauvages pour subsister aisément.

## ANALYSE.

*La démarche ordinaire du lion est fière, grave, et lente, quoique toujours oblique : sa course ne se fait pas par des mouvements égaux, mais par sauts et par bonds ; et ses mouvements sont si brusques, qu'il ne peut s'arrêter à l'instant, et qu'il passe presque toujours son but.*

Cette phrase renferme six propositions, savoir, une principale absolue, deux principales relatives, une incidente explicative, et deux incidentes déterminatives.

*La démarche ordinaire du lion est fière, grave, et lente :* voilà une proposition principale absolue. Le sujet est *la démarche du lion.* Ce sujet est simple, parce qu'il n'exprime qu'une seule idée ; il est complexe, parce qu'il est modifié par l'adjectif *ordinaire*, et par le complément déterminatif *du lion.* L'attribut est *fière, grave, lente.* Il est composé, parce qu'il présente plusieurs manières d'être du sujet ; et incomplexe, parce qu'il n'a aucun modificatif,

*Quoique* ( elle soit ) *toujours oblique ;* c'est une proposition incidente explicative. Le sujet , qui est sous-entendu , est *elle* ( pour *démarche* ). Ce sujet est simple , parce qu'il n'énonce qu'une seule idée; il est incomplexe , parce qu'il n'est accompagné d'aucun modificatif. L'attribut est *oblique.* Il est simple , parce qu'il n'exprime qu'une manière d'être du sujet ; il est complexe , à cause du modificatif *toujours.*

*Sa course ne se fait pas par des mouvement. égaux , mais par sauts et par bonds ;* c'est une proposition principale relative. Le sujet est *sa course.* I est simple , parce qu'il n'exprime qu'une seule idée il est complexe , à cause de l'adjectif possessif *sa* L'attribut est *faite* ( car le verbe est ici *pronominal* voyez Gramm. , page 33 ). Cet attribut est simple parce qu'il n'énonce qu'une manière d'être du sujet et complexe , parce qu'il a pour compléments circonstanciels , *par des mouvements égaux , mais pa sauts et par bonds.*

*Et ses mouvements sont si brusques...* C'est encor une proposition principale relative. Le sujet est *se mouvements.* Il est simple , parce qu'il n'exprim qu'une seule et même idée ; il est complexe , parc qu'il est modifié et déterminé par l'adjectif possessi *ses.* L'attribut est *brusques.* Cet attribut est simple parce qu'il n'énonce qu'une manière d'être du sujet et complexe, à cause de l'adverbe *si,* qui le modifie et des propositions incidentes déterminatives qu suivent.

*Qu'il ne peut s'arrêter à l'instant ;* cette proposition, comme je viens de le dire, est incidente déterminative. Le sujet est *il*, qui rappelle l'idée du *lion*. Il est simple, parce qu'il offre à l'esprit un être déterminé par une idée unique ; il est incomplexe, parce qu'il n'a aucun modificatif. L'attribut est *pouvant*. Il est simple, parce qu'il n'indique qu'une manière d'être du sujet ; il est complexe, à cause de son complément terminatif *s'arrêter à l'instant*.

*Et qu'il passe presque toujours son but :* voilà encore une proposition incidente déterminative. Le sujet est *il* ( pour *le lion* ). Il est simple, parce qu'il ne présente qu'un seul être ; et il est incomplexe, parce qu'il n'est accompagné d'aucun modificatif. L'attribut est *passant*. Cet attribut est simple, parce qu'il n'énonce qu'une manière d'être du sujet ; il est complexe, à cause de son complément objectif *son but*, et du complément circonstanciel, *presque toujours*.

*Lorsqu'il saute sur sa proie, il fait un bond de douze ou quinze pieds, tombe dessus, la saisit avec les pattes de devant, la déchire avec les ongles, et ensuite la dévore avec les dents.*

Nous trouvons dans cette phrase six propositions : une principale absolue, quatre principales relatives, et une incidente déterminative.

*Il fait un bond de douze ou quinze pieds :* voilà une proposition principale absolue. Le sujet est *il*, qui rappelle l'idée du *lion*. Ce sujet est simple, parce qu'il désigne un être déterminé par une idée unique ; et il est incomplexe, parce qu'il n'a aucun modificatif. L'attribut est *faisant*. Il est simple, parce qu'il n'exprime qu'une manière d'être du sujet; et il est complexe, à cause du complément objectif, *un bond de douze ou quinze pieds*, et de la proposition déterminative, *lorsqu'il saute*, etc.

*Lorsqu'il saute sur sa proie ;* c'est une proposition incidente déterminative. Le sujet est *il*, qui tient lieu du substantif *lion*. Ce sujet est simple, parce qu'il n'exprime qu'une seule idée ; et il est incomplexe, parce qu'il n'a aucun modificatif. L'attribut est *sautant*. Il est simple, parce qu'il n'énonce qu'une manière d'être du sujet; il est complexe, à cause de son complément terminatif *sur sa proie.*

( Il ) *tombe dessus;* cette proposition est principale relative. Le sujet, qui n'est pas énoncé, est *il*. Ce sujet est simple, parce qu'il exprime un être déterminé par une idée unique; il est incomplexe, n'étant accompagné d'aucun modificatif. L'attribut est *tombant*. Il est simple, parce qu'il n'offre à l'esprit qu'une manière d'être du sujet ; il est complexe, à cause de l'adverbe *dessus.*

(Il) *la saisit avec les pattes de devant;* proposition principale relative. Le sujet, non exprimé, est *il.* Ce sujet est simple, parce qu'il désigne un seul être ; et incomplexe, parce qu'il n'a aucun modificatif. L'attribut est *saisissant.* Il est simple, parce qu'il n'énonce qu'une manière d'être du sujet ; il est complexe, à cause de son complément objectif *la* (pour *la proie*), et du complément terminatif, *avec les pattes de devant.*

(Il) *la déchire avec les ongles;* c'est encore une proposition principale relative. Le sujet, qui est sous-entendu, est *il.* Ce sujet est simple, parce qu'il exprime un être déterminé par une idée unique ; il est incomplexe, n'étant accompagné d'aucun modificatif. L'attribut est *déchirant.* Il est simple, parce qu'il n'exprime qu'une manière d'être du sujet ; et complexe, parce qu'il a pour complément objectif le pronom *la*, et pour complément circonstanciel, *avec les ongles.*

*Et ensuite* (il) *la dévore avec les dents ;* cette proposition est principale relative. Le sujet, non énoncé, est *il.* Ce sujet est simple, parce qu'il n'exprime qu'une seule idée ; il est incomplexe, parce qu'il n'a aucun modificatif. L'attribut est *dévorant.* Il est simple, parce qu'il n'exprime qu'une manière d'être du sujet ; et complexe, parce qu'il a pour complément, objectif le pronom *la*, et pour complément circonstanciel, *avec les dents.*

*Tant qu'il est jeune et qu'il a de la légèreté, il vit du produit de sa chasse, et quitte rarement ses déserts et ses forêts, où il trouve assez d'animaux sauvages pour subsister.*

Cette phrase renferme cinq propositions: une principale absolue, une principale relative, une incidente explicative, et deux incidentes déterminatives.

*Il vit du produit de sa chasse :* voilà une proposition principale absolue. Le sujet est *il* (pour *le lion*). Ce sujet est simple, parce qu'il n'exprime qu'une seule idée ; il est incomplexe, parce qu'il n'a aucun modificatif. L'attribut est *vivant*. Il est simple , parce qu'il n'énonce qu'une manière d'être du sujet; il est complexe, parce qu'il a pour complément terminatif *du produit de sa chasse* , et qu'il est déterminé par les propositions , *tant qu'il est jeune, et qu'il a de la légèreté.*

*Tant qu'il est jeune ;* cette proposition est incidente déterminative. Le sujet est *il.* Ce sujet est simple , parce qu'il présente à l'esprit un être déterminé par une idée unique; il est incomplexe , parce qu'il n'est accompagné d'aucun modificatif. L'attribut est *jeune.* Il est simple , parce qu'il n'exprime qu'une manière d'être du sujet ; et incomplexe, parce qu'il n'a ni modificatif ni complément. (*Tant que* est une conjonction : voir mon dictionnaire. )

*Et* ( tant ) *qu'il a de la légèreté;* cette proposition est encore incidente déterminative. Le sujet est *il* ( pour *le lion* ). Il est simple, parce qu'il ne désigne qu'un seul être ; il est incomplexe , parce qu'il n'a point de modificatif. L'attribut est *ayant.* Il est simple, parce qu'il n'offre à l'esprit qu'une manière d'être du sujet ; il est complexe, parce qu'il a pour complément objectif *de la légèreté.*

*Et* (il) *quitte rarement ses déserts et ses forêts ;* cette proposition est principale relative. Le sujet est *il* , qui n'est pas énoncé. Ce sujet est simple , parce qu'il n'exprime qu'un seul être ; il est incomplexe , n'étant accompagné d'aucun modificatif. L'attribut est *quittant.* Il est simple, parce qu'il n'énonce qu'une manière d'être du sujet; et complexe, à cause du complément objectif *ses déserts et ses forêts*, et du complément circonstanciel, *rarement*.

*Où il trouve assez d'animaux sauvages pour subsister*; c'est une proposition incidente explicative. Le sujet est *il*. Ce sujet est simple, parce qu'il énonce une seule idée; il est incomplexe, parce qu'il n'a pas de modificatif. L'attribut est *trouvant*. Il est simple, parce qu'il n'exprime qu'une manière d'être du sujet; il est complexe, parce qu'il a pour complément objectif *assez* (une quantité suffisante) *d'animaux*; pour complément terminatif, *pour subsister*; et pour complément circonstanciel, l'adverbe *où*.

## TRENTE-QUATRIÈME EXERCICE.

Il s'est trouvé dans touts les temps des hommes qui ont su commander aux autres par la puissance de la parole. Ce n'est néanmoins que dans les siècles éclairés que l'on a bien écrit et bien parlé. La véritable éloquence suppose l'exercice du génie et la culture de l'esprit. Elle est bien différente de cette facilité naturelle de parler qui n'est qu'un talent, une qualité accordée à touts ceux dont les passions sont fortes, les organes souples, et l'imagination prompte. Ces hommes sentent vivement, s'affectent de même, le marquent fortement au-dehors; et, par une impression purement mécanique, ils transmettent aux autres leur enthousiasme et leurs affections.

## ANALYSE.

*Il s'est trouvé dans touts les temps des hommes qui ont su commander aux autres par la puissance de la parole.*

Il y a dans cette phrase deux propositions, savoir, une principale, et une incidente déterminative.

*Il s'est trouvé dans touts les temps des hommes;* c'est une proposition principale, qui se décompose ainsi : *il* ( c'est-à-dire , *ceci*, *des hommes qui*, etc. ) *s'est trouvé dans touts les temps.* Le sujet est *il* ( pour *ceci* ). Il est simple , parce qu'il n'exprime qu'une seule idée ; il est complexe, parce qu'il a pour déterminatif *des hommes*, *etc.* L'attribut est *trouvé* ( Gramm. p. 33 ). Il est simple, parce qu'il n'énonce qu'une manière d'être du sujet ; et il est complexe, à cause du complément circonstanciel *dans touts les temps.*

*Qui ont su commander aux autres par la puissance de la parole :* voilà une proposition incidente déterminative. Le sujet est *qui* ( pour *hommes* ). Il est simple, parce qu'il n'exprime qu'une seule idée ; il est incomplexe, parce qu'il n'a point de modificatif. L'attribut est *sachant.* Cet attribut est simple, parce qu'il n'exprime qu'une manière d'être du sujet ; et complexe , à cause du complément objectif *commander aux autres* , et du complément circonstanciel , *par la puissance de la parole.*

*Ce n'est néanmoins que dans les siècles éclairés que l'on a bien écrit et bien parlé.*

Cette phrase, dans laquelle on trouve une proposition principale et deux incidentes déterminatives, ne peut être soumise à l'analyse qu'étant présentée de cette manière : *ceci, que l'on a bien écrit et bien parlé, n'est* (existant) *néanmoins que dans les siècles éclairés.*

Ceci *n'est* ( existant ) *néanmoins que dans les siècles éclairés;* proposition principale. Le sujet est *ceci.* Il est simple, parce qu'il n'exprime qu'une seule idée; il est complexe, parce qu'il a pour déterminatif *que l'on a bien écrit et bien parlé.* L'attribut est *existant.* Il est simple, parce qu'il n'exprime qu'une manière d'être du sujet; et complexe, à cause du modificatif *néanmoins,* et du complément circonstanciel, *dans les siècles éclairés.*

*Que l'on a bien écrit;* proposition incidente déterminative. Le sujet est *l'on.* Il est simple, parce qu'il n'exprime qu'une seule idée; il est incomplexe, parce qu'il n'a aucun modificatif. L'attribut est *écrivant* ( 36, 37, 38 ). Il est simple, parce qu'il n'énonce qu'une manière d'être du sujet; et complexe, à cause de son modificatif *bien.*

*Et* (que l'on a) *bien parlé;* c'est encore une proposition incidente déterminative. Le sujet est *l'on.* Il est simple, parce qu'il n'énonce qu'une seule idée; il est incomplexe; parce qu'il n'a aucun modificatif. L'attribut est *parlant* ( 36, 37, 38 ). Il est simple, parce qu'il n'exprime qu'une manière d'être du sujet ; et complexe, parce qu'il a pour modificatif l'adverbe *bien*.

*La véritable éloquence suppose l'exercice du génie et la culture de l'esprit.*

Cette phrase comprend une proposition principale. Le sujet est *la véritable éloquence*. Il est simple, parce qu'il n'exprime qu'une seule idée ; il est complexe, à cause du modificatif *véritable*. L'attribut est *supposant*. Il est simple, parce qu'il n'énonce qu'une manière d'être du sujet ; il est complexe, à cause des compléments objectifs, *l'exercice du génie, et la culture de l'esprit*.

*Elle est bien différente de cette facilité naturelle de parler qui n'est qu'un talent, une qualité accordée à touts ceux dont les passions sont fortes, les organes souples, et l'imagination prompte.*

Nous trouvons dans cette phrase cinq propositions, savoir, une principale, et quatre incidentes déterminatives.

*Elle est bien différente de cette facilité naturelle de parler :* voilà une proposition principale. Le sujet est *elle*, qui rappelle l'idée de *la véritable éloquence*. Ce sujet est simple, parce qu'il n'exprime qu'une seule idée ; et il est incomplexe, parce qu'il n'est accompagné d'aucun modificatif. L'attribut est *différente*. Il est simple, parce qu'il énonce une seule manière d'être du sujet ; il est complexe, à cause de son complément déterminatif *de cette facilité naturelle*, et du modificatif *bien*.

*Qui n'est qu'un talent, une qualité accordée à touts ceux dont...* C'est une proposition incidente déterminative. Le sujet est *qui* ( pour la *facilité naturelle de parler*). Ce sujet est simple, parce qu'il présente à l'esprit une idée unique ; il est incomplexe, parce qu'il n'a aucun modificatif. L'attribut est *un talent, une qualité*, etc. Il est composé, parce qu'il exprime deux idées ; et complexe, à cause de l'adjectif numéral *un, une*, et du modificatif *accordée à touts ceux dont*, etc.

*Dont les passions sont fortes* ; cette proposition est incidente déterminative. Le sujet est *les passions*. Il est simple, parce qu'il énonce une seule idée ; et complexe, à cause du déterminatif *dont* ( pour *desquels* ). L'attribut est *fortes*. Il est simple, parce qu'il n'exprime qu'une manière d'être du sujet ; et incomplexe, parce qu'il n'a ni modificatif ni complément.

*Dont les organes* ( sont ) *souples* ; c'est une proposition incidente déterminative. Le sujet est *les organes*. Il est simple, parce qu'il n'exprime qu'une seule idée ; et complexe, parce qu'il a pour déterminatif *dont* ( pour *desquels*). L'attribut est *souples*. Il est simple, parce qu'il ne présente qu'une manière d'être du sujet ; il est incomplexe, parce qu'il n'est accompagné d'aucun modificatif.

*Et* ( dont ) *l'imagination* ( est ) *prompte* ; c'est encore une proposition incidente déterminative. Son sujet est *l'imagination*. Il est simple, parce qu'il n'offre à l'esprit qu'une seule idée ; et complexe, à cause du déterminatif *dont*, censé répété. L'attribut est *prompte*. Cet attribut est simple, parce qu'il n'exprime qu'une manière d'être du sujet ; il est in-complexe, n'ayant pas de modificatif ni de com-plément.

*Ces hommes sentent vivement, s'affectent de même, le marquent fortement au-dehors ; et, par une im-pression purement mécanique, ils transmettent aux autres leur enthousiasme et leurs affections.*

Cette phrase renferme quatre propositions : une principale absolue, et trois principales relatives.

*Ces hommes sentent vivement ;* c'est une proposi-tion principale absolue. Le sujet est *ces hommes.* Il est simple, parce qu'il n'exprime qu'une idée ; il est complexe, à cause de l'adjectif démonstratif *ces.* L'attribut est *sentant.* Il est simple, parce qu'il n'é-nonce qu'une manière d'être du sujet ; et complexe, à cause de l'adverbe *vivement,* complément circous-tanciel.

( Ils ) *s'affectent de même :* voilà une proposition principale relative. Le sujet, qui n'est pas énoncé, est *ils.* Ce sujet est simple, parce qu'il n'offre à l'es-prit qu'une seule idée ; et incomplexe, n'étant accompagné d'aucun modificatif. L'attribut est *affectés* ( Gramm. p. 33 ). Il est simple, parce qu'il n'exprime qu'une manière d'être du sujet ; et complexe, à cause du complément circonstan-ciel *de même.*

( Ils ) *le marquent fortement au-dehors ;* c'est une proposition principale relative. Le sujet est *ils.* Il est simple, parce qu'il présente une idée unique ; il est incomplexe, parce qu'il n'a aucun modificatif. L'attribut est *marquant*. Il est simple, parce qu'il n'énonce qu'une manière d'être du sujet; et complexe, à cause du complément objectif *le* (pour *cela*), et des compléments circonstanciels, *fortement, au-dehors*.

Et, *par une impression purement mécanique, ils transmettent aux autres leur enthousiasme et leurs affections :* voilà encore une proposition principale relative. Le sujet est *ils*. Ce sujet est simple, parce qu'il n'exprime qu'une seule et même idée; il est incomplexe, parce qu'il n'a aucun modificatif. L'attribut est *transmettant*. Il est simple, parce qu'il n'énonce qu'une manière d'être du sujet; il est complexe, parce qu'il a pour complément objectif *leur enthousiasme et leurs affections;* pour complément terminatif, *aux autres;* et pour complément circonstanciel, *par une impression purement mécanique.*

## TRENTE-SIXIÈME EXERCICE.

C'est le corps qui parle au corps ; touts les mouvements, touts les signes concourent et servent également. Que faut-il pour émouvoir la multitude et l'entraîner ? Que faut-il pour ébranler la plupart même des autres hommes, et les persuader? Un ton véhément et pathétique, des gestes expressifs et fréquents, des paroles rapides et sonnantes. Mais, pour le petit nombre de ceux dont la tête est ferme, le goût délicat, et le sens exquis, et qui comptent pour peu le ton, les gestes, et le vain son des mots, il faut des choses, des pensées, des raisons; il faut savoir les présenter, les nuancer, les ordonner : il ne suffit pas de frapper l'oreille, et d'occuper les yeux; il faut agir sur l'ame, et toucher le cœur en parlant à l'esprit.

## ANALYSE.

*C'est le corps qui parle au corps; touts les mouvements, touts les signes concourent et servent également.*

Cette phrase renferme quatre propositions : une principale absolue, deux principales relatives, et une incidente déterminative.

*C'est le corps....* c'est-à-dire, *ceci, le corps qui...* *est existant :* voilà une proposition principale absolue. Le sujet est *ce* (*le corps*). Il est simple, parce qu'il n'exprime qu'une seule idée; il est complexe, à cause du déterminatif *le corps qui*, etc. L'attribut est *existant.* Il est simple, parce qu'il n'énonce qu'une manière d'être du sujet ; et incomplexe, n'étant accompagné d'aucun modificatif.

*Qui parle au corps ;* c'est une proposition incidente déterminative. Le sujet est *qui* ( pour *ce, le corps*). Il est simple, parce qu'il présente un être déterminé par une idée unique ; il est incomplexe, parce qu'il n'a aucun modificatif. L'attribut est *parlant.* Il est simple, parce qu'il n'exprime qu'une manière d'être du sujet; et complexe, parce qu'il a pour complément terminatif *au corps.*

*Touts les mouvements , touts les signes concourent ;* cette proposition est principale relative. Le sujet est *touts les mouvements , touts les signes.* Il est composé, parce qu'il présente deux idées ; et complexe, à cause de l'adjectif *touts,* qui précède chacun des deux sujets. L'attribut est *concourant.* Il est simple, parce qu'il n'exprime qu'une manière d'être du sujet ; et il est incomplexe, parce qu'il n'a aucun modificatif.

*Et* ( ils) *servent également ;* c'est encore une proposition principale relative. Le sujet est *ils,* qui rappelle l'idée des *mouvements* et des *signes.* Il est simple, parce qu'il n'énonce qu'une seule idée ; et incomplexe , n'étant accompagné d'aucun modificatif. L'attribut est *servant.* Il est simple , parce qu'il n'offre qu'une manière d'être du sujet ; et complexe , à cause du complément circonstanciel *également.*

*Que faut-il pour émouvoir la multitude et l'entraîner ?* Pour analyser cette phrase, il faut nécessairement remplir l'ellipse qu'elle présente, et par conséquent la rétablir de cette manière : Je demande la chose *qu'il faut* avoir *pour émouvoir la multitude et l'entraîner.*

Il y a donc ici deux propositions : une principale , et une incidente déterminative.

( *Je demande la chose* ) : voilà une proposition principale. Le sujet est *je.* Il est simple , parce qu'il présente un être déterminé par une idée unique; il est incomplexe, parce qu'il n'a aucun modificatif. L'attribut est *demandant*. Il est simple, parce qu'il n'exprime qu'une manière d'être du sujet; et complexe, à cause de son complément objectif, *la chose*.

*Qu'il faut* (avoir) *pour émouvoir la multitude et l'entraîner;* c'est une proposition incidente déterminative. Le sujet est *il* (pour *ceci*, avoir laquelle chose *pour émouvoir la multitude et l'entraîner*). Ce sujet est simple, parce qu'il énonce une seule idée; il est complexe, parce qu'il est déterminé par les mots *avoir laquelle chose, etc.* L'attribut est *fallant* ( qui n'est usité qu'étant contracté avec le verbe *être*). Il est simple, parce qu'il n'exprime qu'une seule manière d'être du sujet; et incomplexe, parce qu'il n'a pas de modificatif.

*Que faut-il pour ébranler la plupart même des autres hommes, et les persuader?*

Cette phrase, comme celle qui précède, équivaut à celle-ci : Je demande la chose *qu'il faut* avoir *pour ébranler, etc.*

( *Je demande la chose* ) : proposition principale, qui s'analyse de la même manière que la précédente.

*Qu'il faut* (avoir) *pour ébranler la plupart même des autres hommes, et les persuader;* c'est une proposition incidente déterminative. Le sujet est *il,* (pour *ceci*), avoir laquelle chose *pour ébranler la* plupart même des autres hommes, et les persuader. Il est simple, parce qu'il n'exprime qu'une seule idée; il est complexe, parce qu'il est déterminé par les mots, *avoir laquelle chose*, etc. L'attribut est *fallant*. Il est simple, parce qu'il ne présente qu'une manière d'être du sujet; il est incomplexe, parce qu'il n'a pas de modificatif.

*(Il faut avoir) un ton véhément et pathétique, des gestes expressifs et fréquents, des paroles rapides et sonnantes.*

Cette phrase renferme une proposition principale. Le sujet est *il* (pour *ceci*, avoir *un ton véhément et pathétique, des gestes expressifs et fréquents, des paroles rapides et sonnantes*). Ce sujet est simple, parce qu'il ne présente qu'une idée; et il est complexe, à cause du déterminatif *avoir un ton véhément, des gestes, des paroles*, etc. L'attribut est *fallant, manquant* (Analyse grammaticale, p. 16, n° 53). Il est simple, parce qu'il n'exprime qu'une manière d'être du sujet; et incomplexe, parce qu'il n'a ni modificatif ni complément.

*Mais, pour le petit nombre de ceux dont la tête est ferme, le goût délicat, et le sens exquis, et qui comptent pour peu le ton, les gestes, et le vain son des mots, il faut des choses, des pensées, des raisons; il faut savoir les présenter, les nuancer, les ordonner: il ne suffit pas de frapper l'oreille, et d'occuper les yeux; il faut agir sur l'ame, et toucher le cœur en parlant à l'esprit.*

Il y a dans cette phrase huit propositions : une principale absolue, trois principales relatives, et quatre incidentes déterminatives.

*Mais il faut des choses, des pensées, des raisons, pour le petit nombre de ceux dont...* C'est une proposition principale absolue. Le sujet est *il* (pour *ceci*, avoir *des choses, des pensées, des raisons*). Ce sujet est simple, parce qu'il n'exprime qu'une idée ; il est complexe, à cause du déterminatif *savoir des choses, des pensées, des raisons*. L'attribut est *fallant*. Il est simple, parce qu'il n'énonce qu'une seule idée ; il est complexe, à cause du complément terminatif *pour le petit nombre de ceux dont*, etc.

*Dont la tête est ferme;* c'est une proposition incidente déterminative. Le sujet est *la tête*. Il est simple, parce qu'il n'exprime qu'une seule idée ; il est complexe, parce qu'il a pour déterminatif *dont (desquels)*. L'attribut est *ferme*. Il est simple, parce qu'il ne présente qu'une manière d'être du sujet ; et incomplexe, n'étant accompagné d'aucun modificatif.

*Dont le goût (est) délicat;* c'est une proposition incidente déterminative. Son sujet est *le goût*. Il est simple, parce qu'il exprime un objet déterminé par une idée unique ; il est complexe, parce qu'il a pour déterminatif le pronom relatif *dont*. L'attribut est *délicat*. Il est simple, parce qu'il n'énonce qu'une manière d'être du sujet ; il est incomplexe, parce qu'il n'est accompagné d'aucun complément.

*Et (dont) le sens (est) exquis;* cette proposition

est incidente déterminative. Le sujet est *le sens*. Il est simple, parce qu'il présente un seul objet ; et complexe, parce qu'il a pour déterminatif *dont* (pour *desquels*), censé répété. L'attribut est *exquis*. Il est simple, parce qu'il n'exprime qu'une manière d'être du sujet ; et incomplexe, parce qu'il n'a aucun complément.

*Et qui comptent pour peu le ton, les gestes et le vain son des mots ;* c'est encore une proposition incidente déterminative. Le sujet est *qui* (pour *ceux*). Il est simple, parce qu'il n'exprime qu'une seule idée ; il est incomplexe, parce qu'il n'a aucun modificatif. L'attribut est *comptant*. Il est simple, parce qu'il n'exprime qu'une manière d'être du sujet ; et complexe, à cause des compléments objectifs, *le ton, les gestes, et le vain son des mots*, et du complément circonstanciel, *pour peu*.

*Il faut savoir les présenter, les nuancer, les ordonner :* voilà une proposition principale relative. Son sujet est *il* (pour *ceci, savoir les présenter, les nuancer, les ordonner*). Ce sujet est simple, parce qu'il n'énonce qu'une seule et même idée ; il est complexe, à cause du déterminatif *savoir les présenter, les nuancer, les ordonner*. L'attribut est *fallant*. Il est simple, parce qu'il n'exprime qu'une manière d'être du sujet ; et incomplexe, parce qu'il n'a ni modificatif ni complément.

*Il ne suffit pas de frapper l'oreille, et d'occuper les yeux ;* c'est une proposition principale relative. Elle a pour sujet *il*, pour *ceci* (l'action) *de frapper l'oreille, d'occuper les yeux.* Il est simple , parce que, considéré comme collectif, il ne présente qu'une idée ; il est complexe , parce qu'il a pour déterminatif *l'action de frapper l'oreille , et d'occuper les yeux.* L'attribut est *suffisant.* Il est simple , parce qu'il ne peint qu'une manière d'être du sujet ; il est incomplexe , parce qu'il n'a point de modificatif.

*Il faut agir sur l'ame , et toucher le cœur en parlant à l'esprit ;* c'est encore une proposition principale relative. Son sujet est *il* ( pour ceci, *agir sur l'ame et toucher le cœur en parlant à l'esprit*). Il est simple, parce que, comme collectif, il n'offre qu'une idée ; et complexe, à cause du déterminatif *agir sur l'ame et toucher le cœur, etc.* L'attribut est *fallant.* Il est simple , parce qu'il n'exprime qu'une manière d'être du sujet ; il est incomplexe , parce qu'il n'est accompagné d'aucun modificatif.

**FIN.**

www.ingramcontent.com/pod-product-compliance
Lightning Source LLC
LaVergne TN
LVHW020516060726
842525LV00004B/987